불순한 어린이들

불순한 어린이들
순수하지만도 영악하지만도 않은, 오늘을 사는 어린이에게 말 걸기

초판 1쇄 펴낸날 2025년 6월 18일

지은이 오유신	**편집** 김현정 김혜윤 이심지 이정신 이지원 홍주은
펴낸이 이건복	**디자인** 김태호
펴낸곳 도서출판 동녘	**마케팅** 임세현
	관리 서숙희 이주원

만든 사람들
편집 김혜윤 　**디자인** 이음

인쇄·제본 영신사 　**라미네이팅** 북웨어 　**종이** 한서지업사

등록 제311-1980-01호 1980년 3월 25일
주소 (10881) 경기도 파주시 회동길 77-26
전화 영업 031-955-3000 편집 031-955-3005 팩스 031-955-3009
홈페이지 www.dongnyok.com 전자우편 editor@dongnyok.com
페이스북·인스타그램 @dongnyokpub

ISBN 978-89-7297-164-1 (03330)

- 잘못 만들어진 책은 구입처에서 바꿔 드립니다.
- 책값은 뒤표지에 쓰여 있습니다.

불순한 어린이들

— 오유신 지음

순수하지만도 영악하지만도 않은,
오늘을 사는 어린이에게 말 걸기

동녘

일러두기

등장하는 어린이들의 이름은 모두 가명입니다. 또한 책에 실린 일화들은 어린이들의 익명성을 보호하기 위해 조금씩 변형했습니다.

프롤로그 ——————— **불순한
어린이들의
이야기를
시작하며**

나중에 라디스라우 아저씨에게서 들은 이야기로는 내 약속에도 불구하고 뽀르뚜가는 망가라치바가 지나가고 나서야 집에 돌아갔다고 한다. 아주 밤 깊은 시간에 말이다.

《나의 라임 오렌지나무》에 있는 문장이다. 고요한 밤에 홀로 집에 돌아가는 뽀르뚜가 아저씨의 이미지는 책을 읽은 지 수년이 지났어도 여전히 내게 남아 있다. 소설의 주인공 제제는 가정에서 학대를 당했고 아버지를 죽이고 자신도 죽을 생각을 했다. 제제는 오늘 밤 기관차 망가라치바에 뛰어들겠다고 뽀르뚜가에게 고백했다. 그 이야기를 들은 뽀르뚜가는 어린 제제를 안아주었고 위로해주었다. 자살하지 않겠다는 확답을 들었다. 그래도 안심이 안 되어 뽀르뚜가는 기관차가 무사히 통과하는지 밤 깊은 시간까지 확인했다. 확인하는 마음, 기다리는 마음, 염려하는 마음이 내가 생각하는 좋은 어른의 마음이다.

초등학교 교사로 일하며 많은 어린이들을 만났다. 어린이라서 미숙하고 부족하고 완고하고 의외이기도 했다. 그런 모습을 담아 두는 일은 행복했지만 늘 행복하지만은 않았다. 어린이들에게는 각자의 고통과 고민과 아집이 있었고, 내 고통과 고민과 아집 때문에 어린이와 불화하기도 했다. 나는 종종 뽀르뚜가 아저씨를 떠올렸다. 기다리는 사람이 되고 싶었지만 나는 조급했고 둔감했다. 내가 마주한 어린이들은 나에게 여러 가지 말을 했다. 남들에게 하지 않은 말을 나에게 처음 하는 어린이도 있었다. 어린이들의 말을 들으며 몸 둘 바 모를 고

마음도 느꼈지만, 사회적 권력이 있는 나는 어린이에게 위험한 사람이 될 수도 있었다. 나는 뽀르뚜가 아저씨처럼 무결하고 선하지도 않았다.

거리가 가까워서 겪는 사건들이 있었다. 복도에서 달리는 어린이의 발에 밟혀 양말이 더러워지기도 했고, 앞을 보지 않고 달려드는 어린이와 몸을 부딪히기도 했다. 어린이와 몸을 부딪히는 일은 내가 어린이와 맺는 관계의 은유 같았다. 관계에서 거리를 조절할 수 없어 부딪히며 어린이를 알아갔기 때문이다. 그렇게 알게 된 어린이들은 다정하고 무해하고 안온하지만은 않았다. 그런 어린이도 있었지만, 꼭 그렇지만은 않았다. 내가 본 다채로움이 사람들이 어린이를 더 복잡하게 이해하는 데 도움이 되리라는 마음으로 글을 쓰기 시작했다.

어린이들이 나오는 영화나 소설은 러닝타임과 쪽수가 정해진 닫힌 세계라서 안도감이 든다. 하지만 내가 어린이들과 맺은 관계는 안도할 수 없는 열린 관계였다. 앞으로 무슨 일을 겪을지 모르며, 떨어지는 운석에 맞듯 교실에서 사건은 발생하기 때문이다. 그래서 나는 기만하고 싶지 않았다. 이만큼이나 잘 알고 있는 사람이라고, 어린이 '전문가'라고 말하고 싶지 않았다. 어린이들을 낭만적으로 보거나 미래의 희망이라며 오늘에서 밀어내고 싶지도 않았다. 내가 경험한 진실과 다른 어린이 이야기나 교육 이야기에 반감이 있어서 글을 썼다. 너무나 뻔해서 더는 듣고 싶지 않은 흔한 이야기들을 반복하고 싶지 않은 마음도 컸다. 그래서 내가 아는 진실을 썼다. 내 진실은 공명정대하지도 공식적이지도 않다. 오히려 편협하고 비공식적이다. 스케치에 가까운 이야기들은 세상을 간단하게 말하지 않으려는 나의 의지 표현이다. 흔한 이야기와 흔히 상식으로 받아들여지는 이야기만이 유일한 이야기가 아니라 여러 이야기 중 하나로 여겨지는, 이야기의 민주주의를 야심으로 품고 글을 썼다.

내 어린 시절을 떠올리며 어린이를 이해하기도 했다. 나는 산만한 어린이여서 '구제불능'이라는 말을 들었다. 어렸던 나만큼 산만한 어린이를 보면 흥미로웠다. 이 어린이는 커서 얼마나 세상을 다르게 볼지 궁금했기 때문이다. 나는 어렸을 때 적절한 대우를 받지 못했다.

어른들은 나를 이상하게 봤다. 초등학교 4학년 때 종이접기 책을 보고 색종이로 산타클로스를 만들어서 담임 선생님께 보여드리자 선생님은 "너 같다"고 했다. 딱풀 흔적이 지저분하게 남아 있는 산타클로스를 꼬질꼬질한 내 모습에 빗대 한 말이었다. 나는 종이접기에 관심이 있다는 걸 인정받고 싶었는데, 담임 선생님은 내 지저분한 차림새만 보고 내가 한심하다는 듯 말했다. 선생님이 된 후 나는 어린이들을 볼 때 어린이들의 속마음을 추리했다. 겉모습만으로 어린이를 판단하고 싶지 않았고, 나에게 보내는 메시지를 놓치고 싶지 않았기 때문이다. 어른이지만 어른들의 기준에 비켜나 있으려 했다. 어린이를 평가하기보다는 기억하려고 했다.

어린이들을 만나면서 자주 고뇌했다. 내가 한 말이 정말 해도 괜찮은 말일까? 어린이에게 화를 내거나 혼내는 어른은 나쁜 사람일까? 선생님을 넘어, 엄마·아빠·조부모를 넘어 어린이와 관계 맺는 사람들의 관계 방식도 생각했다. 이 생각들은 결국 사람들이 어린이를 어떻게 보는지 살펴보는 일로 이어졌다. 나는 어린이를 이해하는 전형적인 방식이 어린이와 맺는 관계에 유해하다고 느꼈다. 혼자서도 잘하는 어린이, 다정해서 어른에게 감동을 주는 어린이, 영화 속 어른을 이끄는 영특한 어린이, 통제할 수 없는 어린이보다는 쉽게 정의하기 어려운 어린이들이 내가 본 진실에 있었다. 노골적인 혐오 발언을 하거나 친구에게 폭력을 가한 적 있는 나쁜 어린이. 다른 어린이들과 달라 '금쪽이'나 '찐따'라며 냉대받는 어린이. 솔직한 욕망에 빠져드는 어린이. 내가 본 어린이들은 다양했다. '순수함'이나 '어린이다움'으로는 이해할 수 없는 어린이들이었다. 귀여워하거나 흐뭇해하는 시선으로는 드러낼 수 없는 어린이들을 '불순한 어린이'라고 규정하고 글을 썼다. 어른들의 상상을 넘나드는 어린이들의 이야기로 어린이를 다르게 이야기하고 싶었다.

어린이는 어디에나 있다. 어디에나 있는 사람들에게 더 잘 다가가고 싶은 사람들을 생각하며 글을 썼다. 다가감과 다가옴을 고민한 내 어지러운 마음을 용기 내어 적었다. 내가 겪은 학교폭력, 돌봄의 박탈, 빈곤 경험은 다른 사람과 맺는 관계에도 따라왔다. 어린이들과 맺은 다채로운 관계를 드러내는 일은 어린이를 적는 일에 더해 나를 돌아본 시간들도 드러내는 일이었다. 나는 누구보다 불순한 어린이였기에, 지금도 불순하게 생각하기에 불순함은 내게는 미덕이다. 그래서 불순한 책이기를, 불순하게 읽힐 책이기를 바라며 썼다.

차례

프롤로그: 불순한 어린이들의 이야기를 시작하며 _ 005

1 교실 문을 열면 다른 세계가 있었다

- 아침 교실, 기다리는 마음 _ 017 • 어린이의 하루는 쌓인다 _ 023
- 귀엽다는 말 참기 _ 028 • 체육하는 몸과 마음 _ 035
- 좋아서 하는 일 _ 045 • 모르는 채 두기 _ 052
- 어린이 스펙트럼 _ 057 • 무서운 게 딱 좋아 _ 062
- 정치하는 어린이들 _ 067 • 욕 쪽지 _ 075
- 어린이라는 세계지도 _ 082

2 불순한 어린이들

- 이상한 어린이들에게 시선이 향하는 이유 _ 089
- 나쁜 것을 욕망하기 _ 095 • 쌉가능, 억까, 힘숨찐, 예바 _ 101
- 머글과 덕질 사이 _ 107 • 표현하는 어린이들 _ 114
- 학생 선수는 매일 배운다 _ 120 • 그래서 같이 달렸다 _ 125
- 어린이와 혐오 표현 _ 130 • '금쪽이'를 위한 변론 _ 135
- 선생님 몇 단지 살아요? _ 143 • 건물주가 꿈이에요 _ 150
- 가해자들 _ 156 • 다른 세계를 상상하기 _ 167

3 어린이와 연루되기

- 연루된 몸들 _ 177 • 아이와 어린이 _ 182
- 서로에게 스며들기 _ 188 • 유머의 기술 _ 193
- 돌봄에 대하여 _ 198 • 문어의 꿈 _ 205
- 학군지 키드의 세계관 _ 213 • 스승의 날들 _ 220
- 상실과 애도 _ 226 • 다른 몸을 상상하기 _ 231
- 세월호 참사를 가르치는 일 _ 240
- 어린이들이 미래의 주인공 _ 251
- 과거는 갔고 미래는 몰라 _ 257

에필로그: 어둠의 어린이들을 변호하며 _ 265
어린이와 부대끼며 살아가는 어른들에게 드리는 짧은 당부 _ 270

1

교실 문을 열면
다른 세계가 있었다

아침 교실, 기다리는 마음

나는 자주 기다렸다. 사실 매일 기다렸다.

　어린이들의 공식 등교 시간은 8시 40분이다. "만약 네가 오후 4시에 온다면, 난 3시부터 행복해지기 시작할 거야." 《어린왕자》에 나오는 말처럼, 나는 어린이들이 오전 8시 40분 전에 올까 봐 8시부터 교실 불을 켜고 기다리기 시작했다. 월급이나 업무와 상관없는 순수한 기다림의 시간이었다.

　학교에 오는 어린이들은 학교의 시간표와 다르게 움직였다. 공식 등교 시간보다 일찍 오는 어린이들은 꼭 있었다. 아침을 먹고 오기도, 안 먹고 오기도 했다. 간식이 있을 때면 아침을 먹고 왔는지 물어보고 안 먹고 왔다면 간식을 나누어주었다.

교문에 들어서는 아침부터 내가 몰랐던 어린이들의 이야기가 있었다. 출근하며 8시 즈음에 용달차가 교문 앞에서 멈추는 장면을 종종 마주했다. 용달차의 높은 좌석에서 교문 앞까지 폴짝 뛰어내리는 어린이를 보았다. 아빠의 출근 시간에 맞춰 허겁지겁 등교를 준비하는 어린이를 상상했다. 아침에 먹을 라면이나 김밥을 사러 혼자 편의점에 가는 어린이도 보았다. 내가 가르친 어린이인데, 엄마가 크게 아파 식사를 챙겨주기 어렵다고 했다. 편의점 음식이 아닌 찌개와 반찬이 있는 식사를 하길 바랐지만 내가 개입할 수는 없었다. 학교생활기록부나 기본적인 인적 사항을 적은 학생 기초 조사서에는 없는 이야기들이었다.

너무 이른 등교와 적당한 등교의 기준이 되는 시간은 학교의 시간이다. 반면, 어린이들은 각자의 시간표가 있다. 그 시간표에는 일어나야 하는 시간, 밥 먹어야 하는 시간, 중간에서 친구와 만나려면 집에서 나서야 하는 시간이 적혀 있다. 어린이들은 자신의 시간표에 맞춰 학교에 왔다. 하교는 동시에 하지만 등교는 각자의 시간표에 따르므로, 공식 등교 시간을 지키는 것은 지키고 싶은 사람만 지키는 캠페인 같은 일이었다.

하지만 학생이 등교하는 시간은 학교 입장에서 꽤 중요한 문제다. '책임' 소재가 있기 때문이다. 등교 시간 전에 학교에서 사고가 나면 대처하기 어렵고, 관리자나 책임자도 없는 상황이다. 학교는 외부인이 들어올 수도 있어서 어떤 일이 벌어질지 예측도 어렵다.

"동사무소를 봐요, 먼저 온다고 서류 떼주는지."

어린이들이 일찍 등교하면 안 된다며 동료가 한 말이었다. 공감은 하지만 동의하지는 않았다. 어린이가 학교에 왔을 때 내가 있는 게 마음이 놓여서 일찍 출근했다. 어린이가 8시 40분에 맞춰 오길 바라지 않고 내가 일찍 교실로 갔다. 공무원 입장에서 근무지에 일찍 오는 일은 책임을 감수하는 일이지만 나는 그렇게 했다.

기다리면 재미있는 일이 생겼다. 교실이 일종의 경기장이라면, 아침 교실은 라커룸이었다. 어린이와 나는 수업 시간에 오가는 대화와는 다른 이야기를 했다. 수업을 준비하고 있던 아침에 한 어린이가 내게 다가와 불쑥 말을 건넸다.

"선생님, 저 앞머리 잘랐어요."

나는 아침 시간에 어린이가 앞머리를 잘랐고, 동생과 싸웠고, 주말에 놀이공원에 갔다는 말들, 이른바 TMI[*]를 듣는다. 바뀐 자신을 드러내거나 사소한 일상을 전하는 말은 한산한 아침이라 할 수 있다. 일찍 온 어린이에게 바뀐 머리색이나 장신구를 알아보고 말을 걸 수도 있었다. 아침 시간에 숙제를 하는 어린이도, 도서관에 가서 책을 빌려오는 어린이도, 만화책 《흔한 남매》 시리즈를 독파하는 어린이도 있었다. 내가 아침 식사로 샌드위치나 김밥을 먹고 있는데 어린이가 갑자기 등교해 민망했던 적도 있다. 종종 선생님들은 아침에 커피를 마시려고만 하면 어린이가 온다고 농담했다. 행정복지센터가 아니라서, 닫고 있을 수 없어서 열려 있는 문은 말과 몸

---

[*] Too Much Information, 너무 많은 정보.

이 오고 가게 했다. 아침마다 대화를 해서 선생님과 부쩍 친해진 친구의 모습을 보고 일찍 오는 어린이도 생겼다.

현관 도어락을 쓰는 집에서는 비밀번호를 입력하는 리듬과 속도로 가족 중 누가 들어오는지 안다. 나도 비슷하게 시간만 보고도 누가 등교하는지 아는 정도가 되었다. 몰래 온 손님처럼 오는 학생도 있었다. 친구 깜짝 생일 파티 해주러, 보호자가 새벽에 나갈 일이 생겨서, 수행평가를 친구와 함께 연습하러. 이유는 다양했다. 공지한 시간과 다르게 문이 열려 있어 가능한 일이었다.

계단을 힘차게 올랐는지 헐떡거리며 오는 어린이나 머리를 감고 못 말렸는지 젖은 머리로 오는 어린이를 보며 어린이들이 통과한 아침 풍경을 상상했다. 반대로 어린이들은 내 옷차림을 평했다. 정장을 입으면 소개팅하러 가는지를 묻고 후드티에 통 넓은 바지를 입으면 '힙하다'고 했다.

수업 시간에는 잘 오가지 않는 상상과 대화가 아침 시간에는 있었다. 왜 내가 굳이 일찍 출근을 하는지 나도 잘 모를 때가 있었지만, 지금은 이런 사소한 마주침이

주는 새로움이 관계를 환기시키는 일임을 안다. 아침에는 수업을 준비하고 보호자와 소통도 하며 시간을 보내지만, 나는 주로 자리에 앉아 어린이들에게 말을 걸 거리가 있는지 유심히 살펴본다. 아침의 말 걸기가 오늘의 마지막 말 걸기가 될 수도 있기 때문이다.

어린이의 하루는 쌓인다

'등교'라는 말은 아주 현실적이다. 한자로는 오를 등登과 학교 교校를 쓰는데, 진짜 경사로를 올라야 하는 학교도 있지만 평지에 있어도 산에 오르는 듯한 부담감을 느끼는 학생도 있기 때문이다. 어린이들은 주말이나 공휴일을 간절히 바랐고 학교에 와서는 좋아하지 않는 과목이 시간표에 없길 바랐다.

"오늘 또 수학 들었어."

"아, 5교시 사회네."

"사회가 제일 노잼이야."

'미안하다, 얘들아!' 하고 마음속으로 되뇌지만, 나도 억울하다. 한 주의 수업 시간은 정해져 있기 때문이다. 정확히는 한 학기 과목별 수업 시간이 정해져 있다. 그래서 거의 매일 수학 수업이 있다. 3교시가 아닌 5교시에 사회를 넣은 건 나이므로 비난(?)은 감수한다. 어린이들은 푸념하며 하루를 수긍한다. 마치 회사 가기 싫다고 툴툴대며 출근하는 직장인 같았다.

어린이들은 쉬는 시간을 소중히 여긴다. 복도에서 뛰어다니거나 소문을 공유했다. 다른 반 친구와 자유롭게 만날 수 있는 시간이므로 어슬렁거리며 동태를 살피거나 친구를 치고 도망가기도 했다. 비명 소리도 가끔 들렸다. 뛰어다니지 말라는 말은 1학년 때부터 듣는 잔소리였고, 복도에서 뛰지 말자는 캠페인 포스터들이 여기저기 붙었지만 어린이들이 안 뛰는 날은 없었다. 나는 뛰면 안 된다며 금지하는 말보다는 "다치면 본인 손해"라는 식으로 이야기했지만 역시나 어린이들이 뛰다 다치는 일은 생겼다.

어린이들은 매일 식단표를 보며 점심시간을 기다리고 기대한다. 사실 밥보다는 식사를 마치고 놀 수 있어 좋아한다. 그래서 점심을 거의 안 먹기도 하고 마시듯이 먹기도 한다. 점심시간이 두 시간이 넘는다면 급히 먹을 일이 없을까? 점심시간은 누구든 만날 수 있는 자유 시간이기에 더 소중했다. 격하게 놀다 다치는 경우도 잦다. 보건 선생님은 점심시간에 특별히 긴장했다. 나는 운동장에 나갈 때 운동화를 꼭 신으라고 했다. 나는 신발 신기에 다소 엄격한 편인데, 우리 학교에 청소 실무사는 한 명이지만 학생은 수백 명이기 때문이다. 바닥에 묻은 흙을 치워야 하는 일을 만들고 싶지 않았다. 하지만 실내화를 신고 운동장에서 노는 어린이들은 언제나 있었다. 내가 나가서 보면 그제서야 어디선가 신발을 꺼내오거나 슬쩍 피하거나 도망갔다. 점심시간이 끝나기 5분 전에 예비종이 울리면 어린이들은 교실로 몰려온다. 종소리를 듣고 운동장에서 달려오는 모습을 교실 안에서도 볼 수 있었다.

5교시를 시작하면 힘들다고 했다. 드라마 〈도깨비〉에 나온 "날이 좋아서, 날이 좋지 않아서, 날이 적당해서, 모든 날이 좋았다"는 대사처럼 밥을 먹어서, 땀을 흘려서, 더워서, '사회'가 있어서 모든 5교시가 힘들다고들 했다. 어린이들이 힘든 이유는 5교시 때문이 아니라 오후를 잃어버렸기 때문이라고 생각했다. 6교시에는 집에 가기 직전이라 다들 조금은 깨어난다. 선생님들은 마지막 시간이니 힘차게 노래를 부르자며 6교시에 음악 수업을 했다. 한 반만 악기를 울려대면 시끄러우니 한 학년 모두가 6교시에 음악 수업을 넣기도 했다.

모든 수업이 끝나면 어린이들은 하교하고 학교 방과 후 수업에 가거나 학원에 간다. 가끔 반에 남아 청소를 하거나 못한 과제를 한다. 수업이 일찍 끝나는 저학년 어린이들은 돌봄 교실에 가기도 한다. 빈 교실에 앉아 있으면 어린이들이 학교 운동장에서 뛰어놀며 지르는 비명과 괴성을 들을 수 있다. 어린이들은 훈육하는 어른이 없는 운동장에서 소리도 지르고 욕도 하고 묘기 자전거도 타며 신나게 놀았다.

학원과 숙제 때문에 바빠도 어린이들이 가장 많이 하는 말은 "오늘 끝나고 놀 수 있어?"였다. "집 가고 싶다"는 흔한 말버릇이었고, 어쩌다 단축 수업을 하면 환호했다. 어린이들도 나도 학교가 빨리 끝나길 바랐다. 1년에 190일을 만나는 우리는 평일 오전부터 낮까지 거의 매일 함께한다. 벗어나고 싶을 만하다. 하지만 벗어날 수 없으니 우리는 계속 하루를 함께했다. 하이라이트가 하나도 없는 축구 경기는 없는 것처럼, 기억하고 싶은 일이 하루에 하나는 있었다. 이 하루가 쌓여 나도 어린이도 서로를 더 잘 알았다.

귀엽다는 말 참기

나는 귀여운 어린이들을 아주 많이 봤다. 주로 외모나 행동에서 귀여움을 느꼈다. 어린이들은 서로를 칭찬하거나 환대할 때 '귀엽다'는 말을 썼다. 반면, 나는 '귀엽다'는 말을 자주 쓰지는 않았다. 오고 가는 '귀엽다'는 말 안에 감춰진 사회 규범을 느꼈기 때문이다.

"선생님, 저 귀엽죠?"

가끔 어린이들은 내가 귀엽다고 답하길 바라며 물었다. 나는 그럴 때 눈을 감는다. 기대한 반응을 보여주지 않는다. 성인 남성이 어린이에게 귀엽다고 하는 일을 경계하기 때문이다.

"선생님, 띠드버거 사주세요~."

어떤 어린이는 옛 시트콤 〈지붕 뚫고 하이킥〉에 나온 애교 장면을 어디서 보았는지 내 앞에서 따라했다. 귀여움과 애교를 보여주는 어린이들을 순수하게 귀여워할 수 없는 이유는 귀여워하는 것이 자연스러운 감정이 아니라 사회적 권력이 작용하는 일로 느껴졌기 때문이다. 대통령도 교장 선생님도 나도, 귀엽지도 애교를 부리지도 않는다. 무엇이 귀엽고 귀엽지 않은지에 대한 판단도 사회적이다.

하지만 곱씹고 곱씹어도 귀여운 어린이들이 너무 많았다. 이 감정을 사회가 주입했어도 어쩔 수 없이 자주 귀엽다고 느꼈다. 체육 전담 교사를 할 때 보면, 어린이들은 체육을 하러 뛰어왔다. 위아래로 몸을 방방 띄우며 왔다는 말이다. 신나고 기뻐서 기대하며 왔다. 그 모습은 정말 귀여웠다. 교실에서 체육관으로 줄을 맞춰 오다가도 체육관 입구쯤이면 가장 첫 줄에 서려고 내게 달려오는 어린이들이 있었다.

"애들아, 줄 서!"

가장 먼저 맨 앞에 선 어린이는 다른 친구들의 줄 간격을 단속했다. 줄이 맞춰지면 내 앞에서 초롱초롱한 눈빛으로 내 말을 기다렸다. 비슷한 어린이들이 다른 반에도 있었다. 애쓰는 태도와 초롱초롱한 눈빛이 너무 귀여워 살짝 웃었는데 맨 앞에 있는 어린이들이 내게 왜 웃냐고 물었다. 나는 이유없이 잘 웃는 선생님이 되어 있었다.

"오늘 뭐 할 거예요?"

"체육쌤!"

"이게 뭐예요?"

어린이들은 오늘 할 활동을 묻거나, 나를 무작정 반기거나, 오늘 쓰려 부려놓은 체육 도구들을 보며 호기심을 가졌다. 나를 무방비로 만드는 귀여움이었다. 궁금해하는 마음이 고마웠고, 순전한 호의의 마음들이 어쩔 도리 없이 귀여웠다.

"내가 먼저 왔어!"

"내가 앞이야!"

첫 줄에서 밀려나지 않으려고 작은 몸싸움이 벌어진

다. 네가 뒤로 가야 한다고, 자기가 먼저 왔다고 아웅다웅했다. 가위바위보로 결정하는 순간도 있었다. 내 말을 가까이서 듣고 싶어서인지 늘 첫 줄에 서려 하는 마음이 귀여웠다. 잘 보이려는 마음, 잘 보려는 마음. 그런 마음과 욕망들은 투명했다. 나도 앞줄에 선 어린이들의 표정을 자세히 볼 수 있어서 좋았다. 마음이 풀어져 앞쪽에 선 어린이들에게 말을 더 자주 걸었다. 작은 몸으로 성실히 참여하는 모습이나 빵빵한 볼살은 나를 고민하게 만드는 귀여움이었다. 아무것도 안 했는데 귀여웠기 때문이다.

나도 어린이였을 때 귀엽다는 말을 종종 들었다. 그 말이 좋았다. 그래서인지 내가 어린이에게 귀엽다고 말하면, 그 어린이가 나를 좋아하거나 나를 필요로 할 것 같았다. 한번은 반에서 거친 언행을 하는 남학생에게 귀여운 면이 있다고 말한 적 있다. 전혀 어울리지 않는 표현이었지만 성급하게 포섭하려는 마음이었다. 이 말을 들은 어린이는 "내가 좀 귀엽긴 하다"며 옅은 미소를 띠었다.

선생님이 자신을 귀엽다고 느낀다고, 호감을 갖고 있다고 생각하면 교실에서 선생님을 의식하지 않을까? 더 좋은 모습을 보이려 노력하지 않을까? 내 전략이 너무 의도적이라 나쁘지 않냐고 동료 선생님에게 물었더니 무슨 소리냐며 이해하지 못하는 반응이었다. 동료들은 귀엽다는 말은 나쁜 말이 아니니 굳이 고심할 필요 없다고 했다. 하지만 나는 귀엽다는 말이 어린이를 길들이는 말로 느껴졌다. 귀여워할 수 있는 행동을 하도록 부추기는 말 같았다. 나는 어린이들이 내 말을 따르기보다 자신의 마음에서 나온 대로 행동하길 더 바랐다.

교사가 학생을 귀여워하는 일은 학생의 개인적 매력에 가치를 두는 일 같아 부적절하게 느껴졌다. 모든 어린이들의 귀여움이 의도라고 말하고 싶지는 않지만, 어린이들이 귀여움으로 관심과 환대를 얻은 적 있다면 귀여움을 자원으로 사용하려는 마음을 먹을 수도 있다. 그래서 나는 귀여워하는 일을 경계했다. 어린이에게 귀엽다고 하지 않으려 말을 골라 썼다. 하지만 머리에 힘을 줘도 나도 모르게 귀엽다는 말이 새어나왔다.

"근데요, 여러분들 너무 귀여운 거 아세요?"

"저희 귀엽죠?"

"저희가 원래 좀 귀여워요."

내가 귀여워하면 어린이들은 안심하거나 편안해했다. 가끔 엉뚱한 행동을 하는 내게 귀여우시다고 한 어린이도 있었다. 나도 어린이로부터 귀엽다는 말을 들으니 평등한 걸까? 귀엽다는 말은 위험한 말이었지만 귀엽다는 말로 오가는 마음을 확인하기도 했다. 귀엽다는 말은 좋다는 말이었다. 내가 한 귀엽다는 말을 흡족하게 생각한 어린이도 내 마음을 이해했다.

그래도 나는 귀엽다는 말을 안 쓰려고 노력했다. 귀엽다는 말이 나를 타인을 귀여워할 수 있는 사람으로, 그래도 괜찮은 사람으로 만들 수 있다고 생각했다. 어느 순간부터 나는 귀엽다는 말 대신 그 어린이가 멋진 이유를 구체적으로 말하기 시작했다.

"비비 학생은 줄넘기가 긴데도 포기하지 않고 계속 넘네요, 멋져요!"

"제이든 학생은 쉬는 시간에도 수학 퍼즐을 골똘히

푸네요. 집중하는 모습이 멋져요!"

내가 느끼는 '귀여움'을 '멋짐'으로 번역해서 말하자 어린이들은 '멋지다'는 말을 어색해했다. 자주 듣는 '예쁘다', '귀엽다'는 말이 아니어서 생소하게 느꼈다. 나는 내가 느끼는 감정을 다르게 말했다. 내 안에서 차오르는 귀여워하는 마음을 누르고 멋지다고 말했다. 내 말을 들은 어린이들도 멋지다는 말을 종종 쓰기 시작했다. 멋지다는 말은 나이와 상관없이 지금 하는 행동을 다루는 표현이라 더 나은 표현이라고 생각했는데, 은연중에 어린이들도 받아들인 듯했다. 이 받아들임 역시 멋지다.

체육하는 몸과 마음

한 해 동안 체육 전담 교사를 맡아 원 없이 체육 수업을 했던 적이 있다. 체육 시간에 어린이들을 보면, 몸들의 움직임 뿐 아니라 요동치는 마음들도 보였다. 이 마음들을 볼 수 있어 체육 수업은 어린이를 배우는 시간이기도 했다. 어떤 반 어린이들은 경기 중에 친구가 골을 넣으면 모두 잔잔하게 박수를 쳤다. 가르쳐준 적도 없는데 박수를 쳤다. 의외의 멋진 모습을 보인 친구를 칭찬하는 모습도 봤다. 진심으로 감명을 받은 모습이었다. 교실로 올라가는 계단에서도 동료의 활약을 복기했다. 나직히 내뱉은 찬사와 감탄처럼 체육 시간에는 어린이들의 여러 마음들이 새어나왔다.

체육을 가르치면서 어린이들의 분노, 격분, 열변도 보았다. '이렇게까지 말을 잘 하는 학생이었나…… 이렇게까지 말을 빨리 하는 학생이었나…… 이렇게까지 얼굴 붉힐 일인가……' 싶어 침을 꿀꺽 삼킬 때가 있다.

"저거 파울이에요!"

"쟤 맞았어요!"

"안 맞았어요!"

목소리의 데시벨이 높아진다. 경기에서 이긴 팀은 진 팀을 놀린다. 하지만 졌을 때 놀림을 당하면 분노한다. 나는 의식처럼 "경기는 경기일 뿐, 과몰입하지 말자!"라고 함께 외치게 하지만, 어린이들은 언제나 몰입했다. 체육 시간에는 마음들이 증폭해 터져나왔다. 이기적인 어린이는 더 이기적으로 행동했다. 정말 이기고 싶었는데 져서 억울해 눈물도 흘리는 어린이도 있었다.

어린이들은 반 대항 경기를 하면 더욱 흥분한다. 꼭 이기겠다며 쉬는 시간에도 전술 이야기를 했다. 물론 실제 경기를 보면 전술은 하나도 없었다. 하지만 전술을 말하며 몰입하는 모습은 진지했다. 학교에서 볼 수 있는 몇 안 되는 높은 몰입 상황이다. 우리 반과 다른 반이 반 대항 경기를 할 때는 심판 보는 일이 난감했다. 내 판정은 늘 시비에 휘말리기 때문이다.

6학년 담임 교사였을 때 다른 반과 우리 반이 반 대항 발야구 경기를 했다. 경기 전 중요 규칙을 분명하게 말하고 심판의 판단을 존중하라고 했다. 그런데 평소 체육에 자신감 있던 다른 반 어린이가 아웃을 당하고 내게 불복했다. 규정을 다시 알려주며 아웃을 선언하자, 그 어린이가 대뜸 자리로 돌아가며 내가 들을 수 있는 크기로 욕을 했다.

"아오 씨발, 개새끼."

뒤돌아 자리로 돌아가며 읊조렸기에 얼굴은 못 봤지만 표정은 눈에 선했다. 아웃 당하는 일이 욕을 할 만큼 화나는 일인지 이해되지 않았다. 어린이들은 졌다는 사실보다 판정 하나를 더 마음에 두었다. 이기고 있거나 이겼을 때는 문제 삼지 않았을 일이다. 그 학생이 내게 욕을 했다는 사실을 안 우리 반 어린이들은 반대로 욕한 어린이를 성토하며 역정을 냈다. 나는 흥분하는 어린이들이 승부욕이 강하다기보다는 참을성이 없다고 생각했다. 이기거나 지는 경쟁 경기를 하면 참을성이 많이 약해졌다.

"선생님, 한 번 더 뛰면 안 돼요?"

"패자부활전 없나요?"

체육 전담으로 체육만 가르치던 시기, 이어달리기 반 대표 선수를 뽑을 때 참 많이 들었던 말이다. 한 명을 뽑아야 하는데 대표 선수로 뛰고 싶은 사람은 여럿이다. 정말 열심히 뛰었지만 삐끗해서, 넘어져서, 규칙을 잘못 알아서 선수로 뽑히지 못하는 경우도 있었다. 2등을 한 어린이는 눈물을 흘리거나 분해서 얼굴이 달아올랐다. 체육 행사 날, 이어달리기 경기에서 백팀 선수가 바통을 미리 나와 받는 플레이로 대역전극을 썼다. 그러자 미리 나와 바통을 받는 건 반칙 아니냐며 청팀 학생들은 단체로 목소리를 높였다. 어린이들은 승패에 연연했다. 대표를 선발할 때나 다른 반과 승부를 할 때 특히 더 집착했다. 이기려는 마음을 앞세우기보다 페어플레이를 하길 바라는 건 교사의 마음이고, 어린이들은 한 명의 아웃과 한 번의 파울에 집중했다.

체육 시간에 발야구를 하면 공을 멀리 차지 못하는 어린이들은 위축되었다. 야구형 경기는 공격자 세 명이 아웃되면 공격과 수비가 바뀌는데, 발로 공을 잘 차지 못하는 어린이들은 쉽게 아웃돼서 같은 반 친구들이 성화를 내기도 한다. 자기 앞 선수가 아웃되어 공을 찰 기회를 잃은 남학생은 모두가 보는 데서 짜증을 냈다. 나는 "옆에서 짜증을 내면 다른 사람이 더 잘할까요?"라고 모두에게 반문했다. "부모님이 여러분이 공부를 안 한다고 짜증을 내거나 화를 내면 여러분은 공부를 더 하나요?"라고 이어 묻기도 했다. 나는 더 잘하게 도우려면 상세한 조언과 탓하지 않는 태도가 필요하다고 했다. 못한다고 화내지 말고 공을 차는 방법을 알려주자고 했다. 어떤 어린이는 남이 방법을 알려주지 않아도 된다고, 그냥 아무 말 안 했으면 좋겠다고도 했다. 그래서 우리는 공을 차는 방법을 여러 번 시간을 들여 연습했다.

재미있는 점은 체육에 자신이 있어 지적을 자주 하는

어린이도 실수를 한다는 것이다. 지적을 잘하는 어린이는 자신이 실수하면 본인만 머쓱해할 뿐 스스로를 지적하지 않았다. 지적할 수 있다는 마음, 지적해도 된다는 마음이 아니라 자기를 먼저 돌아보는 태도가 필요했다.

경쟁 스포츠인 피구와 발야구를 자주 하면서 유쾌하지 않았던 이유는 여학생이 주된 몫을 하기 어렵기 때문이기도 하다. 공을 빠르게 던지거나 잘 잡는 학생에게 공이 많이 가는 피구 경기에서 여학생들은 주로 공을 피하거나 건네주는 몫을 한다. 천금 같은 기회를 날리면 안 돼서 잘 던지는 몇 명만 계속 공격에 참여한다. 그래서 체육 수업은 어느새 남학생들의 과목이 되었다. 더 적극적이고 활발한 것은 주로 남학생이기 때문이다. 그렇기에 나는 의도적으로 여학생들에게 활동에 중요한 몫을 하는 자리를 맡기는데, 이런 상황에서 마찰이 발생하기도 한다.

"또 여자 뽑겠지."

"왜 여자만 뽑아요?"

술래 두 명이 필요한 술래잡기를 할 때였다. 술래로

남학생 두 명이 뽑혀 운동장을 누비면 아무 말도 안 하다가, 고르게 기회를 주려고 여학생 두 명을 술래로 뽑으면 대뜸 남자는 안 뽑느냐고 묻는 남학생들이 있었다. 술래가 다음 술래를 지정할 때 남학생이 남학생을 뽑으면 조용하지만 여학생이 여학생을 뽑으면 빈정대는 소리가 들렸다. 남학생들만 중요한 몫을 하는 일이 당연하다고 생각하는 걸까? 납득이 어려웠다. 여학생이 여러 번 중요한 몫을 하게 되면 "저번에 했는데 또 시킨다"며 편애하냐는 반응이 나왔다. 남자인 자신이 몫을 하고 싶어서 한 말일 것이다. 하지만 반대로 어떤 여학생도 남학생이 여러 번 중요한 몫을 할 때 "또 남자만 한다"고 말하지 않았다.

여학생을 가르쳐도 3~4학년들은 달랐다. 이 나이대 어린이들은 성별에 따른 기능 수준의 차이가 크지 않고, 여학생들도 체육을 좋아하며 열심히 한다. 단거리 달리기를 해도 기록 차이가 크지 않아 고른 활동이 가능하다. 3~4학년 여학생들은 체육을 좋아하고 남학생들보다 잘할 때도 많았다. 하지만 고학년이 되면 적극적으로 체육을 하려는 여학생들은 줄어들었다.

"사실 저는 체육을 하고 싶은데요, 다른 애들이 안 하고 싶어 해요."

체육 활동에 소극적인 6학년 여학생이 한 말이다. 가정의 지원이 있으면 여학생들은 태권도, 발레, 축구, 농구, 수영, 특공무술, 검도, 줄넘기를 비롯해 관심 있는 종목을 배운다. 운동을 잘하고 체육 수업에 적극적으로 참여하려는 어린이도 있지만 유사한 조건이어도 소극적인 어린이도 있다. 또래 문화의 몫도 있고 사춘기의 영향도 있다. 체육 활동에 소극적인 여학생들을 어떻게 지도할 수 있는지 동료 여성 교사에게 의견을 구했다. 그는 수업 구성에 변화를 주라고 조언했다. 그래서 나는 수업 시간에 배우는 운동 기능을 잘할 수 있는지 고려해 팀을 꾸리거나 서로 가르치는 활동을 포함했다.

하지만 여전히 체육 활동에 성별 압력이 있었다. 여학생들은 남학생들만큼 날아오는 공을 잡지 못해 원성을 듣느니 그냥 공을 피했다. 점수나 경쟁 요소가 있는 활동을 하지 말아야 했을까? 어느 반은 친구가 실수하면 "괜찮아! 괜찮아!"를 외쳤다. 담임 선생님이 가르쳤지 싶었다. 보기는 좋았지만 나는 괜찮다는 말도 하지 않길 바랐다. 오심이 경기의 일부라면, 실수도 기능 부족도 경기의 일부다.

'체육體育'은 신체를 기른다는 뜻이니, 신체를 다양하게 쓰는 활동을 하는 게 과목 취지에 맞다고 생각했다. 그래서 표현 활동으로 춤을 추었다. 대체로 어린이들은 '랜덤 플레이 댄스'를 좋아했다. 무작위로 유명한 노래의 후렴 부분을 틀면 음악에 맞는 춤을 추는 놀이다. 피구는 못해도 춤은 좋아하는 어린이들이 있어서 각자가 잘하는 바를 뽐냈다. 춤을 추는 재미도 있지만 친구의 춤을 보는 재미도 있었다. 공중에 떠 있는 모습처럼 보이게 발을 딛고 점프하는 '슬릭백 챌린지' 동작을 잘하는 남학생도 있었고, 아이돌 그룹 '에스파'의 노래 〈슈퍼노바〉의 춤을 여럿이서 함께 추기도 했다. 그렇게 어린이들은 경쟁이 아닌 방식으로 체육에 참여했다.

발야구를 할 때는 소극적이지만 춤을 출 때는 적극적인 어린이를 보면서 체육에 참여하는 마음을 생각했다.

몸을 쓰는 어린이들은 무엇을 중요하게 생각하는지, 자신의 몸을 어떻게 이해하는지에 따라 다르게 참여했다. 내게 욕을 한 어린이는 너무나도 경기에서 이기고 싶었고, 춤을 추며 환호를 받은 어린이는 표현하는 즐거움을 알았다. 적극적으로 체육에 참여하고 싶지만 또래 집단의 눈치를 보는 어린이나 남학생이 체육 활동에 더 중요한 몫을 해야 한다는 어린이에게서는 한 개인의 욕망을 넘어서는 사회적인 힘도 보았다.

좋아서 하는 일

어린이들이 가장 좋아하는 수업은 '카페 창업 수업'이다. 모둠별로 실제로 음식을 만들어 팔면서 효능감을 느끼고, 다채로운 음식을 먹으며 즐기는 프로젝트 수업이다. 함께 음식을 만들며 웃고, 친구가 만든 음식을 먹으며 즐거워하는 모습은 내가 아는 교육의 모습에 가장 가깝다. 이 수업에서는 어린이들이 메뉴를 구성하고 카페를 차려 학급 화폐로 음식을 사고판다.

어린이들에게 모둠별로 카페 콘셉트를 정하도록 했다. 카페 창업을 한다고 하자 메뉴만 구성해보는 수업인 줄 안 어린이들은 크게 반응하지 않았는데, 진짜로 만들어서 먹는 사진을 보여주자 눈이 커졌다.

"진짜 파는 거예요?"

"돈 받고 팔아요?"

교실에서 직접 음식을 만들고 파는 활동이라는 사실을 알게 되니 어린이들은 몰입했다. 모둠별 카페 콘셉트를 정해보는 시간을 가졌다. 어떤 모둠은 무서운 콘셉트, 어떤 모둠은 분식집 콘셉트를 잡았다. 콘셉트 하나 잡는데도 싸움이 난다. 분명 수업인데 수업 같지 않은 일들이 벌어진다. 감정이 상하는 싸움이 아니라 의견 대립으로 진지하게 목소리가 커진다. 토의 결과가 실제 결과물로 이어지기 때문이다.

콘셉트가 정해지면 메뉴를 정한다. 불닭볶음면 소스를 사용하자는 의견부터 복불복 메뉴를 만들자는 의견까지 다양한 아이디어가 나온다. 격렬한 논의를 거쳐 세 가지 메뉴를 정한다. 이제 간판과 메뉴판을 꾸밀 차례다. 카페 이름에 맞게 메뉴판을 구성한다. 집에서 안 쓰는 크리스마스 장식품을 가져온다는 어린이도 있다. 콘센트를 연결할 수 있냐고 물은 어린이는 카페 창업을 개시하는 날 작은 LED 등이 줄줄이 이어진 분위기 있는 스트링 조명 장식을 가지고 왔다.

어린이들은 내가 말하지도 않았는데 세트 메뉴까지 만들었다. 스스로 구성하는 수업을 하면 다양한 아이디어가 솟아났다. 평소에는 말을 잘 하지 않았어도 이때는 말하지 않으면 기회가 사라질 수 있어 말을 더 많이 했다. 꾸미기에 진심인 학생들은 카페를 어떻게 꾸밀지 생각했고 스케치를 했다. 수업 시간이 끝나도 작업을 멈추지 않았다.

오레오 컵빙수, 초코딸기 식빵, 레몬 에이드, 미니미니 컵라면, 떡꼬치⋯⋯. 메뉴는 다양했다. 메뉴가 정해지면 누가 어떤 음식을 준비할지 나눴다. 어린이들은 여기서도 자주 싸웠다. 누가 무엇을 준비해야 하는지, 준비할 수 있는지 다툼이 벌어진다. "네가 나무젓가락 사 와!", "네가 생크림 준비해!" 비용이 덜 들거나 준비하기 간편한 재료가 있는 반면 더 신경 써야 하는 재료도 있어 서로 공평하게 부담하려 다투었다. 학급 회의나 전교 임원 선거보다 더 현실 정치적인 장면이다. 수학 시간이나 사회 시간에는 수업 내용 때문에 싸우지 않는 어린이들이 카페 창업을 준비하면 늘 싸웠다. 나는 어린이들이 싸우는 게 좋다. 과업을 정말 잘 해내려는 마음이 느껴지기 때문이다.

격렬하게 준비해도 당일에 꼭 부족한 재료나 도구가 있어서, 나는 일회용품과 즉석밥 정도를 미리 준비했다. 어린이들은 준비물을 빠뜨리거나 계획 단계에서 필요한 걸 놓치는 경우도 있었다. 학년 연구실에 있는 전자레인지를 빼서 교실로 가져온 적도 있다.

판매할 메뉴를 공개하기 전까지는 메뉴를 들키지 않으려고 만들어둔 메뉴판을 가리거나 숨겨놓는 눈치 싸움도 벌어졌다. 친구들이 메뉴를 미리 안다고 달라지는 일은 없는데도 어린이들은 민감했다. 모든 준비를 마치면 카페 창업 개시 전날에 가게 메뉴를 소개했다. 다른 모둠의 메뉴가 공개되면 기대감도 커졌다. 책상 대형도 원하는 대로 부스 모양으로 만들었다. 공간 배치가 바뀌니 걸어다닐 수 있는 공간이 생겼고, 교실은 완전히 다른 공간처럼 보였다. 어린이들은 교실이 넓어졌다고 기뻐했고, 복도를 걷던 어린이들도 교실 안을 힐끗 쳐다보았다. 구성할 자유를 주니 장식품도 따라 나왔다. 교실은 몇 번의 손길과 꾸밈으로 다른 공간이 되었다. 연극 무대처럼 교실이 다른 세계로 바뀌었다.

카페 창업 당일이면 어린이들은 아이스박스와 배낭을 바리바리 들고 온다. 준비물을 놓고 와서 집에 다시 다녀오거나 부모님을 불러내기도 한다. 냉장고에 두어야 하는 음식은 학년 연구실 냉장고에 보관한다. 가장 인기 있는 메뉴는 떡꼬치였다. 집에서 초벌로 떡을 구워왔는데, 소스가 무척 맛있었다. 진짜 잘 만들었다며 소스 만드는 방법을 물어보자 자신이 연구해서 만든 특제 소스라고 말했다. 들어보니 주말에 연습 삼아 미리 만들어봤다고 했다.

카페 창업 수업을 할 때 찍은 사진을 보면 다들 입 안에 무언가를 머금고 있다. 오물오물거리며 걷고들 있다. 음식을 만들면서 먹었고, 팔면서 먹었고, 남은 걸 처리하며 먹었다. 수업이 아니라 시식회나 만찬장 같았다. 다들 웃고 즐거워했다.

어린이들은 카페 창업 수업 날을 고대했다. 개인 일정이 있어도 그날을 피해서 잡았다. 다른 반 어린이들이 부러워해서 좋아했고(같은 학년 선생님들께는 충분히 양해를 구했다), 자신이 계획하고 준비한 일이 실제로 벌어지는 모습을 보며 효능감도 가졌다. 제빵이나 조리가 취미거나 직업으로 삼고 싶은 어린이들은 즐거운 아이디어로 신이 났다. 어떤 메뉴를 정했는지 나에게만 살짝 알려주겠다는 어린이도, 자기 모둠 음식을 꼭 먹으러 오라고 하는 어린이도 있었다. 나는 공평하게 모든 음식을 조금씩 먹었는데, 대부분 맛있었다. 맛없을 수 없는 재료들만 모아놓았기 때문이다.

어떤 수업 때는 모둠별로 음악을 선곡해서 틀었고, 어떤 수업 때는 게임을 해서 뽑힌 모둠이 선생님 자리와 칠판을 썼다. 교실 칠판을 쓰게 된 어린이들은 크고 넓은 공간에 홍보 문구를 적었다. 교과서를 치우고, 책상 배치를 바꾸고, 스스로 메뉴를 짜고, 카페를 꾸미고, 음식을 조리하며 어린이들은 진정성 있게 수업에 참여했다. 이 시간을 수업으로 느끼지 않는 어린이도 있지만, 수업으로 느끼지 않으면서 참여하는 수업이라는 게 이 수업의 핵심이다. 어린이들은 교과서로 진행하는 수업에 잘 참여하려고 예습하지는 않았지만, 카페 창업에 참여할 때는 어떤 재료가 필요한지 먼저 생각해봤고 집에서 미리 음식을 조리하기도 했다. 예습을 하자는 백 번의 말보다 미리 하는 일의 필요를 깨닫는 경험이 중요했다.

어린이들은 좋아서 하는 일을 잘하고 싶으면 시간을 아까워하지 않았다. 영상을 제작하는 프로젝트 수업을 하면 밤새 편집했다는 어린이가 있었고, 학예발표회를 할 때면 아쉬워서 한 번 더 하면 안 되냐는 어린이가 있었다. 교육이나 수업은 결국 어린이를 위한 일이다. 어린이가 스스로 할수록 좋다. 어린이들이 좋아서 하는 일보다 더 필요한 경험은 없다고 느꼈다. 카페 창업 프로젝트 수업을 하며 본 어린이들의 모습은 수업에서 어떤 활동을 할지, 어떤 과제를 제시하면 좋을지 고민하게 했다. 어린이들은 몰입하고 즐거워할 준비가 되어 있었다. 계기나 기회가 필요할 뿐이었다.

모르는 채 두기

어린이들이 나를 잘못 부를 때가 있다. 종종 나를 삼촌이라고 부르거나 아빠라고 불렀다. 나는 이런 어긋남의 순간들이 좋았다. 나도 초등학생 때 담임 선생님을 엄마라고 부른 적이 몇 번 있다. 당시 담임 선생님은 엄마와 나이도 다르고 생김새도 달랐지만 내가 받은 인상은 비슷했다. 어린이가 가족 호칭으로 나를 부를 때, 어린이가 가족을 이해하는 방식이 선생님과 맺는 관계에도 따라온다고 생각했다. 어린이가 나를 좋아하거나 싫어할 때 그 이유에는 내 몫도 있지만, 어린이가 겪은 가족 경험도 얽혀 있다고 생각했다.

어린 시절에 나는 내가 겪어서 아는 가족 이미지로 어른을 이해하려 했다. 이상적인 엄마가 떠오르는 리더십을 가진 중년 여성 선생님에게 편안함을 느꼈고, 학생들의 행동에 불안해하는 신규 담임 선생님은 아빠의 모습 같았다. 교사가 되고 보니 나를 아빠의 대용품으로 여긴다고 추측할 만한 행동을 하는 어린이도 있었다. 경험으로 이해할 수 있는 모습이었다.

유독 권위에 취약한 어린이가 있었다. 내 말을 너무 잘 따랐다. 자아가 없어 보였다. 그 어린이는 선생님들에게 칭찬을 많이 들었고 우수한 학생으로 알려져 있었다. 하지만 나는 어린이가 무언가를 과하고 꾸준하게 잘하는 일이 수상했다. 동료 선생님들은 어린이들이 무언가를 못하는 이유와 안 하는 이유를 찾았지만, 나는 계속 잘하기만 하는 어린이가 오히려 수상했다. 그렇게까지 성실해야 하는 이유가 궁금했다. 부모에게 인정받지 못해서일까? 다른 사람의 인정이 필요한가? 부모가 권위적일까? 속으로 질문했다. 성실한 어린이들 중에는 부모와 안정적인 애착을 쌓은 어린이도 있었지만 인정이 절실한 어린이도 있었다. 그 어떤 해석도 불가능한 학생도 있었다.

그레텔은 사려 깊은 어린이였지만 나에게 적대적이었다. 웃다가도 내가 말을 걸면 표정이 굳었다. 내가 본인 책상 주변으로 지나갈 낌새만 보여도 길을 내어주려 불편할 정도로 의자와 몸을 책상 안으로 깊숙이 밀어넣었다. 그레텔은 다른 사람의 말을 잘 들었다. 남을 돕고 가닿으려 애썼다. 나눗셈을 잘하지 못하는 어린이를 내가 염려하면 쉬는 시간에 다가가 직접 가르쳐줬다. 무리에서 떨어져 있는 친구에게 먼저 보드게임을 들고 가서 함께 놀았다. 넓고 깊게 보는 어린이였다.

"그레텔 학생은 정말 시야가 넓은 것 같아요. 다른 사람을 잘 돕고요."

칭찬하려는 의도였지만, 그레텔은 내 말을 듣고 울었다. 내가 잘못 해석한 걸까? 그레텔은 사려 깊고 따뜻하지만, 그렇게 보이지 않으려 애썼다. 자존감이 낮은 건 아니었지만 교사나 어른과 애착 관계를 쌓는 일을 무서워했다. 이전 담임 선생님도 같은 이야기를 했다. 왜 그런지는 알 수 없었다.

　그레텔의 부모님과 상담을 해봐도 뚜렷한 이유는 알 수 없었다. 아버지가 엄하지도, 어머니가 완고하지도 않았다. 나의 가족 모델 이론은 통하지 않았다. 아버지와 갈등이 있어 아버지와 맺는 관계에서 생긴 불안을 사회적으로 아버지 노릇을 하는 남성 교사에게 전이하는 걸지도 모른다고 사이비 해석을 했지만 그런 낌새도 없었다. 결국 나는 그레텔을 이해하지 못하고 헤어졌다.

　나와 소통하지 않으려는 그레텔의 모습에 무기력했지만, 한편으로 "선생님한테 다 말해도 돼"라는 말을 들었던 때가 떠올랐다. 부모님이 이혼해 마음이 복잡하던 중학생 시절에 담임 선생님이 내게 했던 말이다. 나는 선생님에게 내 속마음을 말하고 싶지 않았는데, 선생님은 자신을 믿어도 된다고 했다. 선생님이 내 고민을 들어도 현실의 문제가 해결되지 않는다는 점을 알았던 나는 거짓말을 하거나 축소해서 말했다. 그레텔도 그랬을까? 마음을 열지 않는 그레텔에게 그럴 만한 이유가 있을 거라고 생각했다.

교사들은 학생들 일에 자신이 나서야 한다고 믿을 때가 있다. 반대로, 나는 교사가 물러나야 하는 관계가 있다고 생각한다. 이해할 수 없는 학생을 이상하다고 여기거나 교사의 노력을 몰라준다고 서운해하기는 쉽다. 하지만 노력했어도 모르는 일이 관계에 있다면, 모르는 채로 두는 일이 더 낫다.

한국어 표현 '애착'에도, 영어 표현 'Attachment'에도 모두 '달라붙다'라는 뜻이 담겨 있다. 나는 애착을 포스트잇처럼 쉽게 달라붙고 쉽게 떼어지는 마음으로 이해했다. 사람들이 갑자기 내게 마음을 붙이거나, 붙은 마음을 금방 떼어내기도 했기 때문이다. 그레텔을 볼 때마다 달라붙으려 하지 않은 마음을 상상했다. 어린이에게도 당연히 마음을 주지 않을 권리가 있다. 그 상대가 부모나 교사나 어른이라 해도, 사회가 어린이에게 존중하고 애착을 가지라고 말하는 사람에게까지도. 다만 그레텔이 나를 멀리하는 이유를 알고 싶었지만 끝내 알 수 없었다. 그래서 그냥 두었다. 관계에서 이해할 수 없는 일은 그냥 이해하지 못한 채로 둘 수밖에 없기 때문이다.

어린이 스펙트럼

스펙트럼이라는 단어를 좋아한다. '정상'과 '비정상' 사이에는 어떤 지대가 있기 때문이다. 어린이들은 정말로 스펙트럼 속에 있다. 평범해 보이지만 뜯어보면 괴상한 면이 있는 학생도, 괴상하다는 말을 듣는데 알고 보면 상식적인 어린이들도 있다.

친구들에게 인기가 많은 어린이 서리태는 유튜버다. 친구들에게는 이 사실을 전혀 말하지 않았고, 자기 엄마에게만 이야기했다. 서리태의 엄마가 내게 슬쩍 알려주었다. 구체관절인형을 다루는 유튜브 채널을 만들었는데, 구독자가 천 명이 넘었다. 생각보다 진심으로 채널을 운영하고 있어 엄마는 서리태를 염려했다. 서리태는 다른 유튜버들과 만나거나 구체관절인형 카페에 가는 영상을 찍었다. 음성을 변조하고 자막을 달았지만 서리태의 모습이 보였다. '구체관절인형'을 검색하니 비슷한 콘셉트로 자신이 '입양'한 인형을 꾸미고 장식 용품을 구매하는 사람들이 많았다.

학교 축제 때 여자 아이돌 춤을 기가 막히게 추는 남학생 히말라야를 보았다. 학교에서는 레크리에이션 업체를 섭외했고, 늘 그렇듯 상품을 준다며 무대로 불러놓고 춤을 시켰다. 뿔테 안경을 낀 히말라야는 걸그룹 '르세라핌'의 댄스를 아주 멋있게 추었다. 다른 학생들에게 물어보니 이미 유명한 어린이였다. 남자인 친구들이 '여자 춤'을 추는 히말라야에게 상처 주는 말을 하지 않을까 염려되기도 했지만 히말라야는 친구들의 시선을 신경 쓰지 않고 활기차게 춤을 췄다. 방과 후 케이팝 댄스부의 유일한 남성 어린이였다는 사실도 알게 되었다.

블루는 축구를 좋아했다. 여학생 축구 클럽에 들어가 축구를 했다. 거의 매일 간다고 했다. 점심시간에는 남학생들과 축구를 했고, 남학생들과 어울리며 함께 하교했다. '남성' 또래에 더 동질감을 느끼는 듯했다. 졸업한 지 몇 년이 지났는데 초등학교 운동장에서 축구하는 블루의 모습을 보았다. 훨씬 짧게 자른 머리칼을 휘날리며 드리블을 하고 있었다.

많은 남학생들은 '와일드' 했지만 나는 '소프트'한 남학생들도 종종 보았다. 체육 시간에 공을 주워 건네는 일이나 점수판을 넘기는 일을 더 좋아했던 어린이 돌핀이 떠오른다. 돌핀은 운동을 잘했다. 자신감이 있지만 드러내지 않았다. 승부에서 지면 씩씩거리거나 불만을 갖는 학생들도 있지만, 돌핀은 그런 마음이 별로 없었다. 나는 돌핀의 모습이 귀하다 생각해 담임선생님에게 돌핀이 너무 멋지지 않냐며 칭찬했다. 담임 선생님의 대답은 이랬다. "돌핀이 체육 시간에 그래요? 몰랐네요." 돌핀은 교실에서 스펙트럼의 다른 쪽을 보여주고 있었다.

초록은 말이 없는 어린이였다. 평범한 어린이로 보였지만 보호자는 자폐 진단을 받아볼지 고민했다. 학교에 오는 걸 힘들어해 자주 결석했다. 어린이들은 학교에 덜 나오는 초록을 부러워했다. 놀러 간 줄 알았기 때문이다. 나는 초록이 오늘은 어떤 어려움을 통과하는지 구체적으로 가늠할 수 없었다. 초록은 여자친구도 사귀고 함께 번화가로 놀러 가기도 했지만, 관계가 오래 이어지지 않았다. 쉽게 사이가 어긋났고 관계에서 들은 말로 상처를 받았다. 초록은 자신의 몸과 마음을 이해하는 일을 어려워했고 친구들도 초록을 이해하기 어려워했다. 초록은 날에 따라 상태가 달라졌다. 상대를 잘 모르면 상처를 주기 쉬운데, 상대를 온전히 아는 일이 쉬운 일은 아니었다. 초록도 자기 자신을 모르는데 누가 초록을 이해할 수 있을까 싶었다.

내가 만난 어린이들은 쉽게 단정할 수 있는 사람들이 아니었다. 취향도, 몸도 각자 달랐다. 이중생활을 하는 서리태는 학교에서 인형 이야기를 하지 않아 흥미로웠고, 르세라핌 춤을 추는 히말라야의 춤사위와 축구에 진심인 블루의 모습은 성별 고정관념을 흔드는 모습이라 재미있었다. 돌핀과 초록은 첫인상과 달라 놀라웠다. 어린이들은 스펙트럼 속에 있어서, 언제든 내가 알지 못하는 모습을 보여줄 수 있었다. 이 의외성이 새롭고 흥미로워 기억하려 했다. 의외성은 내게 사람을 쉽게 단정하지 않도록 일깨우는 따끔한 죽비였다. '요즘 애들'이라 다른 게 아니다. 어린이는 언제나 단순하지 않았다. 어른들의 단순한 시선만 있었을 뿐이다. 이 스펙트럼은 목격자에게 겸손하기를 요구했다. 좀 더 복잡하기 보기를, 빨리 단정하지 않기를, 쉽게 만족하지 않기를 요구했다.

무서운 게 딱 좋아

"선생님, 지금 캄캄해요, 무서운 이야기 해주세요."

어린이들은 종종 무서운 이야기를 듣고 싶어 했다. 나는 비가 와서 사위가 어두워지면 한 번쯤은 해주겠다고 말했는데, 어린이들은 캄캄할 때면 매번 무서운 이야기를 해달라고 졸랐다. 그러다 어린이들이 지쳐 보이던 어느 여름날, 비가 내려 교실 불을 끄면 충분히 어두컴컴한 날을 잡아 무서운 이야기를 해주었다.

무서운 이야기를 하는 일은 조심스럽다. 무서운 이야기를 싫어하거나 밤에 악몽을 꾸는 어린이도 있기 때문이다. 학교에서 본 영상이 무서워서 집에서 힘들어한다며 민원을 넣은 보호자 이야기도 들었다. 이야기를 시작하기 전에 정 못 듣겠는 학생들은 잠깐 화장실에 가거나 귀를 막고 있어도 좋다고 했다. 사람과 인형을 단둘이 집에 두지 말라는 경고를 무시해서 생긴 괴담을 이야기했는데 어린이들은 시시하다는 반응이었다. 자기가 더 무서운 이야기를 안다며 나서기도 했다. 이야기를 끝내고 불을 켠 후에도 어린이들은 삼삼오오 모여 자신이 아는 무서운 이야기를 나눴다.

내가 초등학교에 다닐 때는 학교에 있는 이순신 동상이 자정이면 칼을 바꿔 찬다는 괴담이나 세종대왕 동상이 들고 있는 책장이 넘어간다는 괴담이 있었다. 십 원짜리 동전과 천 원짜리 지폐에서 실종된 김민지라는 어린이의 이름을 찾을 수 있다는 '김민지 괴담'도 있었다. 누가 만들었는지는 모르겠지만 무서운 이야기는 어느 시대든 어린이들의 마음을 울렸다. "내 다리 내놔"라는 대사로 유명한 드라마 〈전설의 고향〉, 분위기만으로도 무서운 〈토요 미스테리 극장〉, 빙의가 되어 안구 색깔과 목소리가 변하는 주인공이 나오는 드라마 〈M〉, 악마와 천사가 등장해서 인간 심리를 조종하고 구원하는 오컬트 드라마 〈천사의 키스〉가 내 공포 버튼이었다. 만화책 《무서운 게 딱 좋아》 시리즈나 애니메이션 채널 투니버스에서 나오는 〈학교괴담〉도 즐겨 봤다. 귀신이나 요괴를 알아보는 주인공이나 한이 서려 있는 귀신들이 나와 가깝다고 생각해서였을까? 귀신이나 유령처럼 초현실적인 존재들이 세상을 휘젓는 이야기가, 억눌린 욕망을 솔직하게 드러내는 목소리가 마음에 들었다. 내가 듣고 본 기이하고 으스스한 세계는 내가 살고 있는 세계의 다른 면을 보여주었다.

  무성 영화 변사극을 만드는 프로젝트 수업을 한 적 있다. 직접 영상을 만들고 교실 앞에서 실시간 더빙을 하는 수업이었다. 어린이들이 만든 영화에는 교실을 탈출하는 스릴러 영화나 친구를 추격하는 액션 영화가 있었다. 과학실에 놓고 간 준비물을 찾으러 왔는데 귀신을 목격하는 공포 영화도 있었다. 어린이들은 과학 선생님에게 부탁해 과학실도 빌렸다. 불이 꺼진 과학실에서 흰 소복과 비슷해 보이는 흰 원피스 파자마를 입고, 긴 머리를 늘어뜨리고 영화를 찍었다. 단순한 영상이었지만 어린이들은 재미있게 관람했다. 무서워하지는 않았고 익숙한 친구의 낯선 분장에 웃음을 터뜨렸다.

  귀신은 없어야 하는 곳에 있는 '불편한' 대상이다. 무서움은 내가 알고 있는 질서가 취약하다는 사실을 깨달으며 생겨난다. 나는 무서운 이야기를 탐독하는 어린이들이 현실에 말할 수 없는 문제가 있음을 느꼈다고 생각했다. 또한 무서운 이야기에는 죽음, 파괴, 복수, 원한이 등장한다. 어린이들이 마주하는 동화에서는 주로 접하기 힘든 단어들이면서도 자기 삶과 가까운 단어들이기도 하다. "때리지 마라. 복수하지 마라. 형이니까, 언니니까 이해해라. 동생이 그러면 되겠니." 이해하고 싶지 않은데, 이해하기를 요구하는 말을 어린이들은 흔히 들었다. 어른은 하고 싶은 말을 해도 괜찮지만 어린이들은 '예쁜 말'을 써야 했다. 나쁜 마음을 쉽게 들켜 혼나기도 했다. 반면 무서운 이야기에는 등장인물이 다른 사람을 이해하기보다는 자신의 마음에 솔직하다. 나쁜 행동도 서슴지 않는다. 나쁜 욕망이 적나라하게 드러난다. 이

나쁜 욕망들이 처리되는 과정이 무서운 이야기 속에 있어서 어린이들은 몰입하는 것 같았다. 나는 어린이들이 무서운 이야기에서 자기 삶에서는 드러내지 못한 욕망을 알아보고 대리 만족을 느낀다고 생각했다.

사람을 해하는 인형, 전교 1등이 죽기를 바라는 전교 2등, 미래를 예지하는 무당이나 할머니 이야기는 우리에게 익숙한 인형, 학생다운 학생, 생활에서 마주치는 중년 여성의 이미지와 다르다. 무서운 이야기 속 등장인물의 행동과 감정은 공식적인 세계의 각본과 어긋난다. 나는 무서운 이야기를 즐기는 어린이들의 마음 밑에는 어긋난 마음들이 있으리라 짐작했다. 세상을 뒤집고 싶다는 바람, 어른들이 말하는 세계가 거짓이라는 간파가 있었을지도 모르겠다.

정치하는 어린이들

6학년 1학기 사회 교과서 1단원의 주제는 현대 정치사다. 민주주의 발전에 큰 영향을 준 시민들의 참여를 살펴보는 맥락에서 현대사를 시간순으로 다룬다. 3·15 부정선거로 벌어진 4·19 혁명과, 이어진 이승만 대통령의 하야. 박정희의 5·16 군사 정변과 10·26 사건. 전두환 신군부의 12·12 사태와 이에 저항한 5·18 민주화 운동. 1987년 6월 민주 항쟁과, 여당이 대통령 직선제 개헌 등 민주화 요구를 수용한 6·29 민주화 선언. 흥미로운 점은 역사 속 단어들이 묘하게 2025년 3월까지의 대한민국과 공명한다는 것이다.

학생과 시민들은 신군부의 퇴진과 민주화를 요구하며 전국 곳곳에서 시위를 벌였습니다. 그러나 신군부는 비상계엄을 전국으로 확대하면서 시민들을 더욱 탄압했습니다.

5월 18일 전라남도 광주에서 비상계엄 해제와 민주주의 회복을 요구하는 시위가 일어났습니다. 광주에 투입된 계엄군은 시위를 폭력적으로 진압하였습니다.

이 대목을 지나갈 때 나는 의뭉스럽게 말했다.
"여러분, 저는 교과서를 읽었을 뿐이에요. 무언가 떠오른다면 여러분의 착각입니다!"
어린이들에게 장난치듯 이렇게 말한 이유는 교사의 정치적 중립 의무를 의식했기 때문이다. 기준이 애매한 중립 의무 때문에 몸을 사려야 하는 현실을 비꼬는 익살이었다. 어린이들은 내 의도를 읽고 일부러 나를 곤란하게 만드는 질문을 했다.

"그래서 선생님은 어느 쪽인데요?"

"저는 여기서는 중립입니다. 사실, 입장은 있지만 말할 수는 없어요."

"빨간색 좋아하세요, 파란색 좋아하세요?"

"보라색 좋아해요."

"주말에 시위 가세요?"

"어딘가 가 있을 수도 있어요. 어딘지는 말 못 하고요."

"에이, 선생님! 그러다 뉴스 인터뷰에 나오는 거 아니에요?"

어린이들에게 나는 광장에서 응원봉을 흔드는 사람일 수도 있고 성조기를 흔드는 사람일 수도 있었다. 일부 어린이들은 '퇴진', '비상계엄', '계엄군'이라는 표현에 피식 웃었다. 최근 뉴스에 자주 나오는 단어들이었기 때문이다. 이렇듯 어린이들은 사회 교과서에서 정치를 접하지만, 일상에서도 정치 이야기를 한다.

"너 탄핵 찬성이야, 반대야?"

"뭐가 찬성이고 반대인데?"

"윤석열 대통령 좋아하면 탄핵 반대고, 싫어하면 찬

성이야."

"난 그럼 찬성."

정치에 별 관심 없어 보였던 두 어린이의 대화였다. 사회를 뒤흔든 중요한 소식은 어린이에게도 중요한 소식이었다. 어린이들도 대통령 이야기를 했다. 탄핵 선고 생중계를 교실에서 함께 보자고 했고, 자신이 다다음 대통령 선거에 투표할 수 있는지 계산해보았다.

미술 시간에 인기 애니메이션 〈캐치! 티니핑〉의 캐릭터 '티니핑'을 차용해 자신만의 티니핑을 그리는 수업을 했다. 〈캐치! 티니핑〉에는 '다해핑', '차차핑', '믿어핑'처럼 '핑'으로 끝나는 이름을 가진 캐릭터가 등장한다. 개성을 살려 각자 자신만의 'ㅇㅇ핑'을 그리고, 자신의 ㅇㅇ핑이 쓸 수 있는 마법을 창작하는 시간을 가졌다. 다양한 '핑'들이 나왔는데, 내가 언급한 적 없는 이름인 '시진핑'을 그린 어린이가 있었다. 온라인에 떠돌아다니던 티니핑과 시진핑을 합성한 게시물을 본 것 같았다. '재명핑', '석열핑', '민주핑', '두환핑' 등 사회 교과서와 뉴스에서 본 이름들도 등장했다. '재명핑'과 '석열핑'은

두 인물의 외양 묘사 외에는 특별한 내용이 없었다. '민주삥'은 머리에 '민주주의' 띠를 두른 젊은 여성 시위 참여자였다. 어린이들은 독재자의 끔찍함을 글로 배웠기 때문에 독재자의 심각성을 체감하지는 못했다. 독재자를 그린다면 독재자가 사죄하거나 반성하는 문장을 그림 아래 쓰도록 했다.

언론에서 연일 보도하는 시위와 정치인들의 모습은 어린이들에게도 가닿았다. 어떤 정치 소식도 어린이를 수신자로 생각하지 않았지만 어린이들은 정치 소식을 보고 들었다.

> 오늘날 시민들은 촛불 집회, 1인 시위, 캠페인, 서명 운동 등과 같은 평화적이고 민주적인 방식으로 사회 공동의 문제를 해결하는 데 참여합니다. 정당이나 시민 단체에 가입하여 적극적으로 활동하기도 합니다.

사회 교과서에서 현대 정치사 다음에 등장하는 내용

은 '정치 참여 방법'이다. 만약 어린이가 1인 시위를 한다면 어른들이 어떻게 볼지 궁금했다. 만 16세 이상 청소년부터 정당에 가입할 수 있으니 정당에 가입한 어린이는 없지만, 어린이가 정당 활동을 준비한다면 고깝게 보는 어른들이 있을 것이다. 정치 참여 방식은 가르치지만, 실제 '정치하는' 어린이들은 생소하다.

어린이들에게 정치 의제가 없을까? 그렇지 않다. 의사 결정에 참여할 권한이 없을 뿐이다. 2025년 현재 어린이들의 가장 뜨거운 정치 문제는 '현장체험학습'이다. 사회 교과서에서는 정치를 '사람들 사이에서 생기는 갈등이나 대립을 조정하고, 많은 사람에게 영향을 미치는 공동의 문제를 해결해 가는 과정'으로 정의한다. 어린이들의 학교생활에 큰 영향을 미치는 현장체험학습 여부를 결정하는 일도 충분히 정치 문제이다.

2022년 강원도에서 한 초등학생이 학교에서 떠난 현장체험학습 도중 사망했다. 이 사건이 2025년에 불붙은 이유는 법원이 인솔 교사 중 한 명에게 학생 사망에 책임이 있다며 실형을 선고했기 때문이다. 그 이후 전국

학교에서 현장체험학습을 보이콧하는 기류가 일었다. 어린이들은 현장체험학습 여부를 결정하는 과정에 참여하지는 못하지만, 각자의 견해가 있고 이 사안에 관심이 컸다. 다른 학교에서는 어린이들이 학교 건의함에 몰려가 현장체험학습을 요청하는 쪽지를 넣거나, 부모를 통해 민원을 넣어 의견을 관철시키려고 했다는 이야기도 들렸다.

교실에서 현장체험학습 이야기를 하면 성토대회가 열렸다. 6학년 어린이들은 '저주받은 세대'*라서 학교에서 아무것도 못 했다는 자조부터, 어느 학교는 그래도 현장체험학습에 간다는 이야기까지 했다. 교실에서 현장체험학습에서 발생한 사고에 대한 판결 내용과 이를 둘러싼 사회 분위기를 전하니 어린이들은 딜레마에 빠

---

* 2013년생에 태어난 현 6학년은 코로나 바이러스가 창궐한 2020년에 학교에 입학했다. 2020년에는 개학이 자주 연기되었고, 4월에는 사상 초유의 온라인 개학을 단행했다. 개학은 했지만 학교에서는 대면 학습을 오래도록 진행하지 못했다. 2013년생이 4학년이었던 2023년에는 만 13세 미만 어린이가 탈 수 있는 버스를 규정한 속칭 '노란버스법' 문제로 일부 학교에서는 현장체험학습을 취소했다.

졌다. 그걸 교사가 왜 책임지냐는 의견과 그래도 가고 싶다는 의견이 동시에 나왔다. 어린이들은 체념하며 학교 앞 공원만은 가지 않길 바랐다. 학교 앞 공원에 가느니 교실에 있는 편이 더 낫다고 했다.

법이나 돈이 얽힌 의사 결정은 어린이들이 온전히 이해하기도, 적극적으로 참여하기도 어렵다. 반면 언론에 등장하는 정치 소식을 수용하는 일은 어린이들이 선택한 일이다. 교실에서 어린이들이 하는 정치 이야기에 눈길이 갔다. 정치인을 향한 관심과 정치 뉴스에 보이는 반응은 어린이가 정치에 접속하는 순간이었다. 짧은 접속으로 시작한 관심이 현실과 밀접한 문제를 바꾸려는 의지로 이어진다면 어린이 또한 정치에서 주요한 몫을 할 수 있을 것이다. 어린이도 자신을 둘러싼 세계의 문제를 눈여겨보고 있기 때문이다.

욕 쪽지

어린이를 만나는 한 해는 아주 길었다. 어떤 일이든 벌어지기 충분한 시간이기 때문이다. 종종 나는 어린이와 충돌했다. 나의 욕망과 어린이의 욕망이 정면으로 부딪히기도 했다. 솔직하다는 말로는 온전히 표현할 수 없는 어린이의 진실한 모습을 대면하기도 했다.

6학년 담임 교사를 할 때였다. 영어 전담 선생님이 우리 반 어린이들이 쓴 것이라며 여러 번 구긴 흔적이 있는 쪽지를 내게 건넸다. 누런 포스트잇에 두 필체가 있었다.

쌤 지 잘못 모르고 한숨 쉬면서 나간거 ㅈㄴ 킹받음

○○ 불쌍하누ㅠ

ㄹㅇㅋㅋ 걍 둘 다 문제

멘탈 나간다고 뛰쳐나가는 놈이나 선생이나

우리 쌤이 ○○한테 막말한것도 문젠데 ○○이 빡쳐서 수업 시간에 나간것도 ㅈㄴ 한심하누 둘 다

븅신들ㅋㅋ

○○은 우리 반 어린이의 이름이다. 체육 시간이 있던 날, 팀별 체육 활동을 하려고 팀을 배정하고 있었다. 어린이들은 팀 밸런스를 맞추려 각자 의견을 냈다. 시간이 촉박해 마음이 급했는데 ○○이 소통을 방해하고 있었다. 조용히 하자고 타이르고 팀 배정을 이어갔다. 한 번 더 방해를 해서 다시 한 번 조용히 하자고 했다. ○○이 세 번째로 방해를 했을 때 그럴 거면 교실 뒤편인 본

인 자리에 있으라고 말했다. 그러자 ○○은 교실을 뛰쳐나갔다. 그 후 다음 수업 시간인 영어 수업에 오지 않았다는 이야기를 듣고 나는 영어 교실로 갔다. ○○을 찾았는데 없었다. 나는 행방을 물으며 한숨을 쉬었다. 어린이들은 내 한숨을, 내가 한숨 쉬는 마음을 알아보았다. 공감했다는 말이 아니라, 그것이 부적절한 표현임을 알아보았다.

학교를 여기저기 뛰어다니다 ○○을 찾았다. ○○은 내게 화를 냈다. 나는 그렇다고 수업을 마음대로 나가도 되는 거냐고 물었다. 이어서 나는 내 잘못을 인정하며, 기분 나쁘게 할 의도가 없었다고 변명하지 않았다. 짧은 시간에 팀을 짜야 했고 방해받고 싶지 않았고 이미 주의를 주었는데도 세 번이나 방해하는 건 너무 심해서 다른 곳에 있길 바라는 마음이었다고 나의 심정을 말했다. ○○도 이해했다. 사건은 그렇게 정리되었는데, 이 과정을 지켜본 두 어린이는 나의 말과 행동을 '막말'과 '붕신들'이라고 표현했다.

쪽지를 누가 썼는지는 금방 알 수 있었다. 교실에서

쪽지를 읽으며 누가 쪽지를 썼는지 물었다. 모두 눈을 감게 하고 쓴 사람은 손을 들어보라고 했다. 두 명이 손을 들었다. 다른 어린이들이 눈치채지 못하도록 그 자리에서 아무 말도 하지 않았다. 수업을 마치고 점심시간에 조용한 곳으로 따로 불러 이야기를 들어보았다. 무슨 이야기를 들었는지 기억은 잘 나지 않지만 아마도 죄송하다고 했지 싶다.

'학생이나 선생이나', '붕신들'이라는 글자가 충격적이지는 않았다. 그럴 수 있는 일이다. 내가 놀란 부분은 그 어린이들이 나를 보는 인식이었다. 나는 스스로를 좋은 선생님이라고 생각했다. 늘 경어를 썼고, 어린이들이 제안하면 웬만하면 받아들였다. '선생님'과 '선생'에는 넘을 수 없는 차이가 있다고 느꼈다. '뛰쳐나가는 놈' 옆에 붙은 '선생'이라는 글자에서 내가 나를 과대평가하고 있다는 사실을 알았다. 내가 좋은 선생인지 나쁜 선생인지 스스로 평하는 일은 아무 의미가 없었다. 내가 좋은 선생인지의 여부는 어린이에게 달려 있기 때문이다.

내 행동은 서툴고 부적절했다. 내 행동을 부적절하다

고 해석하는 어린이들의 마음은 내가 어찌할 수 있는 영역이 아니었지만, 또 그 해석에 내 마음이 아팠다. 몰랐어야 편안했을까? 쪽지를 쓴 어린이의 부모는 아이가 어려서 그렇다고, 이해해달라고 말하며 대신 사죄했다. 한편으로 나는 미숙했던 나의 어린 시절을 떠올렸다. 나도 그랬지, 나도 뒤에서 부모나 선생을 욕하고 불만을 가졌지. 그렇게 내가 들은 욕을 이해하려고 애써보았다. 어린이도 입장이 있으니 그럴 수 있다고 되뇌었다.

머리로 애써도 마음이 편하지는 않았다. 어려서 그렇다는 말 역시 하나도 위로가 되지 않았다. 오히려 내가 진실을 외면한 게 아닐까 싶었다. 어리고 권력이 덜 있는 사람이 한 말에 진실이 담겨 있다는 것도 참이고, 내가 마음이 아픈 일도 참이어서 욕 쪽지에 담긴 어린이의 마음을 쉽게 부정할 수도 수긍할 수도 없었다.

쪽지를 발견하고 나는 학생들 앞에서 울먹이며 반성했다. 이런 선생님이라 미안하다고, 여러분을 잘 가르치지 못했다고 말했다. 하교 직전인 6교시에 한 말이라 분위기가 무거웠다. 수업 종료 종이 울리고 어린이들은 유유히 교실에서 빠져나갔다. 그때 뒷문가에서 쪽지를 쓴 친구를 타박하는 어떤 어린이의 말이 들렸다. "너네가 그러고도 사람이냐?"

  이 말이 내게 큰 위로가 되었다. 나를 나쁘게 생각하는 마음이 진심이라면, 나를 염려하는 마음도 진심이길 바랐다. 나를 싫어하는 어린이보다 나를 신경 쓰는 어린이가 많기를 바랐다. 내 기분이나 생각을 신경 쓸 만큼 내가 관계에서 중요한 사람이길 바랐다. 내가 아프다고 하니 "선생님 아프시잖아, 말 좀 들어!" 하고 외쳐준 어린이, 교실에서 속이 시끄러운 일이 발생하자 자기 잘못도 아닌데 "죄송하다"는 쪽지를 써서 내 책상 밑에 놓고 사라진 어린이, 표정이 어두우면 무슨 일 있냐고 묻는 어린이들은 분명 나를 구하는 어린이들이었다. 나를 구하는 말도, 나를 시험에 들게 하는 말도 모두 어린이에게서 왔지만 내 마음은 나쁜 쪽에 더 민감했다.

  어린이를 어디까지 믿을 수 있을까? 얼마나 믿어야 할까? 내 앞에서 연기하고 있는 걸까? 지금 한 말은 진심일까? 집에서 배워온 존중일까? 상처를 받으면 의심

버튼이 켜졌다. 그래도 관계는 계속되었다. 욕 쪽지를 쓴 두 어린이는 여전히 학교에 나왔고 나는 남은 학기 동안 계속 가르쳤다. 두 어린이는 더 이상 나에게 말을 걸지 않았다.

선생님으로서 어떤 어린이든 만나니 한없이 다양한 어린이를 알 수 있었지만, 반대로 어떤 어린이는 견뎌야 했다. 나를 견디는 어린이도 내가 견뎌야 하는 어린이도 교실에 있다는 점은 잔인하지만 진실이었다.

어린이라는 세계지도

인터넷 서점이 '한국 에세이 최고의 책 1위'로 선정한 책을 읽었다. 독서교실 선생님이 독서교실에서 만난 어린이들과 맺은 관계를 담은 책이었다. 어린이에게 어떤 어른이 되어야 하는지 고심한 책이라 많은 사람들이 찾았고 나도 찾아 읽었다. 어린이와 맺는 관계를 성찰하는 어른의 이야기였지만, 내 예상과는 달랐다. 어린이와 관계 맺는 어른의 실패나 방황보다는 '흐뭇함'과 '감동'을 주며 어른을 '위로'하는 책이었다. 내가 아는 어린이와 책 속 어린이는 달랐다. 내가 만난 빈곤한 가정 어린이, 반사회적 성향이 있는 어린이, '다문화 가정' 어린이는 그 책에 없었다. 어쩌면 당연한 이야기다. 자녀를 독서교실에 보내줄 수 있는 가정도, 원해서 독서교실에 가는 어린이도 한정되어 있기 때문이다. 좋은 책이었지만, 지나치게 '착한' 책이었다.

나로서는 어린이라는 세계를 감히 쓸 수도 이해할 수도 없다. 학교폭력 담당 업무를 하면서 말로 다 할 수 없는 어린이들의 면모를 많이 봤다. 어린이들 사이에서 일어난 물리적인 성폭력, 온라인 성폭력도 있었다. 일상적으로 폭력적으로 행동하거나 타인을 해하는 어린이들도 있었다. 반면 나보다 현명한 어린이도 있었고, 스승으로 삼을 만한 어린이도 있었다. 어린이를 만나서 어른의 세계가 넓어지는 게 아니라, 세계가 흔들렸다. '세계'라는 단어로 품을 수 없는 이야기가 내가 경험한 어린이들에게는 있었다. 어린이에게 세계라는 은유를 쓴다면, 세계지도가 더 어울린다고 생각했다. 많은 사람들이 아는 유명한 나라와 이름도 생소해 발음이 어색한 나라가 공존하는 세계지도.

내가 관심이 있는 나라는 잘 드러나지 않는 나라다.

나는 낌새만 느낄 수 있는 멋진 구석을 간직한 어린이들을 보았다.

말이 거의 없는 크롱은 집에서 혼자 음악을 만들었다. 듣는 음악의 폭이 넓었고 음악을 좋아하는 나와 대화가 잘 통했다. 힙합과 랩 음악에 관심이 컸지만 그런 모습을 일상에서는 드러내지 않았다. 크롱은 음악 이야기를 하고 싶어서 내 주변을 서성였다.

"플레이브 신곡 나왔어요!"

'플레이브'는 버추얼 아이돌 그룹으로, 캐릭터들이 노래를 부른다. 호불호가 있었지만 어른들에 견줘 어린이들은 낯설게 여기지 않았다. 플레이브의 음악을 들어보고 다음날 내 감상을 크롱에게 이야기했다. 음악은 크롱이 쌓은 벽 안으로 들어갈 수 있는 통로가 되었다. 보호자 상담 때 이야기해보니, 크롱의 보호자는 크롱이 음악을 진지하게 생각한다는 사실을 몰랐다. 보호자와 나는 크롱에게 궁금한 부분이 달랐다. 어린이를 만날 때는 무엇을 궁금해할 것인지가 중요했다. 원하는 답이 아니라 새로운 답을 들으려면 다른 질문과 접근이 필요했다.

교실에는 정말로 다양한 어린이가 있었다. 남모르는 질병을 갖고 있는 학생도 있었다. 담임교사는 '요보호 학생'이라는 이름으로 보호가 필요한 어린이들을 알 수 있다. 겉모습으로는 알아보기 어려운 다양한 만성질환과 질병 혹은 장애나 병력이 있는 학생들이다. 나는 적절하다고 여겨지지 않는 취미를 가졌거나 '보통'의 몸과 다른 몸을 가진 어린이들에게 마음이 갔다.

정을 주기 어려운 트러블메이커 어린이가 있었다. 쉬는 시간이면 친구에게 불편한 말을 하거나 시비를 걸었다. 많은 선생님들이 이 어린이를 지도하기 어려워했다. 그런데 어느 미술 시간에 이 어린이는 집중해서 수채화를 그리는 모습을 보여주었다. 어린이들은 내가 한 사람의 단면만 보고 있다는 생각이 자주 들게 했다. 사람은 각자가 깊고 넓어서 환경이 달라지면 다르게 행동했다. 그러니 교실에서 보여주는 모습은 교실 환경이 만든 모습이었다. 혼자 있을 때나 보호자와 있을 때 어린이의 모습은 다를 수 있다. 내가 본 모습은 어린이의 일부이므로 내가 내린 평가도 편협한 평가였다.

나의 세계는 어린이를 만나서 예상하지 못하는 곳으로 나아갔다. 한 사람의 개별성을 알게 되어 감사했지만, 알고 싶지 않은 모습도 보게 되었다. 학교폭력 가해자의 진상을 나는 알고 싶지 않았다. 앞에서는 헤실거리지만 뒤에서는 여러 선생님을 거친 표현으로 욕하는 어린이가 있다는 사실도 알고 싶지 않았다. 하지만 누군가와 관계 맺을 때 알고 싶은 것만 알 순 없었다. 어린이들도 그렇다. 어린이들은 모범적이려 애쓰는 나의 모습뿐 아니라 나의 좌절, 슬픔, 아픔, 고통, 혼란, 분노도 보았다.

세계지도에 있는 한 나라를 안다고 해도 모든 것을 알긴 어렵다. 한국은 알아도 서울을 아는 사람과 익산을 아는 사람은 다르다. 내가 아는 어떤 어린이의 모습과 그 어린이의 보호자가 아는 모습은 같은 나라의 다른 모습이다. 어린이들을 세계지도라고 표현했지만, 사실 하나의 나라도 잘 안다고 하기 어려웠다. 사람에 대해 확신하거나 잘 안다고 자신하지 말자고 늘 생각했다. 어린이가 보여준 모습과 보여주지 않은 모습을 생각하니, 아는 만큼 보이는 게 아니라 보는 만큼 알 수 있었다.

2

×

불순한
어린이들

이상한 어린이들에게
시선이 향하는 이유

어른이 된 후로 어린이들을 보면 부러울 때가 많았다. 내가 받지 못한 돌봄을 충분히 받는 어린이들이 부러웠다. 나는 충분한 돌봄을 받지 못하는 것이 평범한 일인 줄 알고 컸기 때문이다. 동네 소아과가 문을 열기 전부터 줄을 서 있는 부모들이나 자녀 일을 진심으로 염려하는 부모들을 보면 부러웠다. 내가 아는 부모와 다른 부모들이었다. 나의 부모님은 자녀 돌봄에 몰두할 여력이 없었다. 우리 가족은 경제적으로 위태로웠기 때문이다.

  나의 엄마와 아빠는 빈곤한 가정에서 태어났다. 엄마는 북한과 인접한 파주시 접적지역에서 나고 자랐고, 아빠는 충남 최대의 탄광이 있는 보령시 탄광촌에서 자라 할아버지와 탄광 일을 했다. 외할아버지는 이산가족 상봉을 기다리는 실향민이었고 친할아버지는 오래 탄광 일을 하다 진폐증을 앓았다. 빈한한 가정에서 자란 엄마와 아빠는 결혼으로 서로를 지탱했다. 엄마는 초졸, 아빠는 중졸. 배운 것 없고 가진 것 없는 두 사람이 아이를 낳고 빈손으로 상경했다. 부부는 트럭 과일 행상부터 시작했다. 이후로 엄마는 재봉 노동을 했고 아빠는 일용직 노동 시장에 나가거나 숙식이 해결되는 공사 현장을 돌았다.

밥벌이만으로도 벅찬 부모님은 두 아들을 돌볼 여력이 없었다. 쉬지 않고 맞벌이를 했지만 돈은 모이지 않고 빚이 늘었다. 시간이 지나 부모님의 몸에 이상이 생겼고 가정의 경제 상황은 더욱 어려워졌다. 하지만 돈이 계속 필요해 일을 그만둘 수 없었다.

엄마는 지하 미싱 공장에, 아빠는 공사장에 있을 때 형과 나는 집에 있었다. 학원에 다니지도 못했다. 내 유일한 동기인 형은 부모에게 무언가를 요구하는 성격이 아니었다. 나도 그렇게 해야 한다고 눈치로 익힌 나는 나를 스스로 돌봤다. 어린이 도서관에 가서 60권짜리 만화 《전략 삼국지》를 읽고,《해리포터》시리즈를 읽었다.

나는 부모의 손길이 닿지 않는 어린이였다. 부모와 안정적인 애착 관계를 쌓지 못해 정서가 불안했고 산만한 행동을 자주 했다. 수업 시간에는 교과서에 낙서를 하며 시간을 보냈고 다리를 자주 떨었다. 사람을 만나면 눈치를 많이 봤다. 안전한 사람인지 위험한 사람인지 구분하기 어려웠기 때문이다. 같은 반 어린이들은 내가 풍기는 약자의 냄새를 맡은 듯했다. 초등학생 시절부터 나를 괴롭히거나 놀리는 어린이들이 있었고 선생님이 나를 지켜주는 일은 적었다. 유독 내게 가혹한 선생님도 있었다. 멋지고 깔끔한 친구는 칭찬했지만, 나에게는 "역시 지저분하다", "역시 유신이"라는 식으로 기대하지 않는다는 메시지를 보냈다. 선생님의 말보다 선생님의 마음이 더 오래 각인되었다. 세상 사람들이 나를 보는 방식이 모두 비슷해서 내가 어딘가 고장 난 사람이라고 생각했다.

청소년기에도 크게 다르지 않았다. 나는 어리숙한 학생이었고 결핍이 외관으로도 빤히 보이는 청소년이었다. 나의 더러움과 냄새는 놀림거리였다. 당시 나는 위생 개념이 없었다. 보일러 비용을 절약하려고 온수 사용을 극도로 제한한 가정에서 자란 탓도 있다. 빨래라는 일상의 가사 노동을 할 여력이 있는 어른이 없었다는 점도 한몫했다. 교사가 되어 과거에서 많이 벗어났어도, 부드러운 섬유 유연제 냄새가 나는 어린이들을 마주하면 나는 어느새 내 과거로 빨려 들어간다. 마들렌 냄새로 어린 시절 기억을 떠올리는 마르셀 프루스트의 소설 주인공처럼, 나는 '좋은' 냄새를 맡으면 나의 과거 냄새를 떠올렸다.

나는 로션, 토너, 선크림, 수분크림, 핸드크림의 차이와 사용법을 몰랐다. 배운 적도 없고 써본 적도 없기 때문이다. 언젠가 친구가 내게 핸드크림을 나누어줘서 목에 발랐는데, 친구는 기겁했다. 나는 크림은 다 얼굴 주변에 바르는 줄 알았다. 남들은 아는데 나는 모르는 일들이 많았다. 아무것도 배우지 못한 인간처럼 느껴졌다.

심리상담사는 내 경험을 '방임'이라고 해석했다. 내가 배우지 못한 게 아니라 부모가 당신을 배우지 못하게 둔 거라고, 내 잘못이 아니라고 말해주었다.

그때부터였다. 내 결핍이나 부족함이 내 잘못이 아닐지도 모른다고 생각한 시점이. 생각을 바꾸니 내가 가진 억울함을 설명할 수 있었다. 내가 문제가 아니라 나를 바라보는 사람들의 인식이 문제였다. 하지만 나와 같은 사람들이 문제라고 말하는 편견들은 너무나 튼튼했다. 동료 교사들은 결핍이 있어 가르치기 어려운 어린이를 '금쏙이'라고 불렀고, 또래 사이에서 '찐따'로 분류되는 어린이들은 가혹한 대우를 받았다. 나는 이 말들을 쉽게 웃어넘기지 못했다. 나의 경험 덕에 나는 나와 동류인 '어딘가 고장 난' 사람들의 마음을 생각했기 때문이다.

사람들이 잘 이야기하지 않는 이상하고 괴상하며 불편한 어린이들이 눈에 더 들어왔다. 어른들이 어린이를 이상적으로 묘사하거나 낙관적으로 예찬하는 일이 우스웠다. 불안한 어린이였던 과거의 나와, 흔들리며 관계를 쌓아가는 지금 어린이들의 불순한 모습은 제거되어 있기 때문이다. 어른이 되어서도 조금씩 각도를 틀어 어른의 세계에서 빗겨 서 있던 나는 초등학교 교실에 와서 본격적으로 어른의 세계와 멀어졌다. 그 덕에 어린이들과 조금 다르게 관계를 맺을 수 있었다.

나쁜 것을 욕망하기

인터넷에서 '추억의 불량 식품'이라는 이름으로 '아폴로', '차카니', '밭두렁', '맛기차콘', '보석 반지'를 파는 것을 보았다. 이제는 사라져 보기 어렵지만, 내가 어린이일 때는 불량 식품을 많이 먹었다. 몸에 좋을 리 없는 식품이었다. 어른들은 어린이들에게 불량 식품을 먹지 말라고 했다. 하지만 그런 어른들은 술을 마셨고 담배를 피웠다.

"마라탕 먹고 싶어요!"

급식에 바라는 사항을 적으라는 설문조사를 하면 꼭 나오는 말이다. 어린이들의 의견을 반영해 다소 순화한

버전의 마라탕이 급식 메뉴로 등장하기도 한다. 마라탕이 나온다고 하면 어린이들은 기대했다. 물론 급식 마라탕은 단체 급식이 늘 그렇듯 어딘가 불량스러움이 빠진 밍밍한 맛으로 표백되어 나왔다. 그럴 수밖에 없는 이유는 학교 급식은 학생들의 건강을 고려해 염도와 영양성분을 따지기 때문이다.

마라탕을 좋아하는 어린이들을 보며 '비위생적인' 중국 음식의 습격을 염려하는 어른도, '불량' 음식을 좋아한다며 염려하는 시선도 있었다. 하지만 어른들의 염려와 상관없이 어린이들은 주말에 친구와 놀러 나가 마라탕과 탕후루를 먹었다. 마라탕을 먹는 일은 성인들이 날 잡아 음주 회식을 하듯 문화적 의례처럼 보였다. 어린이들은 떡볶이 프랜차이즈 브랜드 '엽기 떡볶이' 같은 곳에서 파는 매운 떡볶이나 다양한 종류의 불닭볶음면도 좋아했다. 매운맛에 열광하는 마음은 이해하기 어려울 정도로 강했다. 교실에서 요리 실습을 하면 불닭 소스를 챙겨오기도 했다.

최근에 어린이들에게 가장 인기 있는 불량 식품은 마

라맛 중국 쫀드기 '찹쌀 라티오'와 향라맛 '설곤약'이다. 나도 먹어보았는데 자극적이고 인공적인 맛이었다. 가격도 저렴해 어린이들이 자주 찾는다. 맘카페에는 중국 간식들이 비위생적일 거라는 추측도, 냄새가 거슬린다는 평가도, 자녀가 좋아하는 게 싫다는 반응도 있었다. 설곤약의 맛이 너무 이상하다고 어린이들에게 말하자 어떤 어린이가 두 번은 먹어 봐야 한다고 했다. 그래서 한 번 더 먹었지만 여전히 내 취향은 아니었다. 어른들이 이해하지 못한다는 사실까지 불량 식품을 더 불량 식품답게 했다. 초등학생 시절 나도 돈이 생길 때마다 컵에 담긴 오백 원짜리 컵떡볶이와 피카츄 돈가스, 떡꼬치, 순대 꼬치를 사 먹었다. 메뉴는 달라졌지만 '이상한' 음식을 먹으려는 욕망은 어린이들에게 늘 있었다.

"어! 선생님이다!"

퇴근하거나 등교할 때 편의점에 들르면 어린이들이 쇼핑을 하고 있었다. 특히 오후 3시쯤 이른 퇴근을 하면 편의점에서 라면을 먹고 있는 어린이들을 종종 봤다.

"맛있어요?"

"네!"

"젤리라도 사줄까요?"

"괜찮은데……."

"골라요, 선생님 돈 많아요."

"그럼 여기 있는 거 다 골라도 돼요?"

다 고르겠다던 어린이는 막상 뭘 고를지 고민했다. 내게 부담을 주는 건 아닌지 고민하는 눈치였다. 가장 저렴한 간식을 고를까 싶어 포도 젤리와 복숭아 젤리를 내가 먼저 덥석 집었다. 어린이는 감사 인사를 했다. 젤리를 받았던 어린이는 나중에 나를 만나자 주머니에서 단백질 바를 꺼내 내밀었다. 물론 받을 수는 없었다. 나는 김영란법을 준수하는 공무원이기 때문이다.

간식을 주고받으면 즐거움은 커졌다. 반에서 '마니또' 활동을 할 때 어떤 어린이는 과자를 친구 사물함에 몰래 두었다. 과자를 발견한 어린이는 은근히 기뻐했다. 나는 교실에서 간식을 먹지 않도록 지도했지만, 나 몰래 새콤달콤이나 이클립스 캔디를 친구와 나누어 먹는 모습도 봤다. 강렬한 맛이 주는 즐거움에 자기를 생각하는 친구의 마음이 더해져 어린이들은 더욱 즐거워했다.

어린이들은 놀 때도 건강을 먼저 생각하지는 않았다. 미세먼지가 심하면 학교에서는 교사들에게 전체 공지 메시지를 돌린다. '오전 10시 현재 기준, 초미세먼지 나쁨 단계라 경보 발령되었습니다. 교실에서는 창문을 닫아주시고 운동장 수업은 취소해 주세요. 어린이들에게 운동장에서 놀지 않도록 지도해 주세요.' 그러면 나는 어린이들과 미세먼지 현황을 함께 보며 체육 수업을 못 한다거나 운동장에서 놀면 안 된다고 말한다. 어린이들은 아쉬워한다. 하지만 점심을 먹고 운동장을 보면 여러 학년 어린이들이 놀고 있다. 마스크를 쓰고 노는 어린이도 있지만 아닌 어린이도 있다. 공기가 탁해 대기질이 나빠 보였지만 아랑곳하지 않고 운동장에서 놀았다. 눈비가 내리면 눈비를 맞으며 뛰어다녀서 머리가 젖은 채 5교시 수업에 들어오기도 했다. 감기에 걸릴 수 있으니 나가지 말자고 했지만, 어린이들은 감기에 걸려도 괜찮다고 했다.

나는 어린이들이 자신의 건강보다 즐거움에 더 충실

한 모습들을 보았다. 어린이의 건강과 안전을 염려하는 말 중 그릇된 말은 없었지만, 어린이들이 원해서 하는 행동을 반대하기는 쉽지 않았다. 고추기름 범벅인 쫀드기를 먹는 것도, 좋아하는 친구와 새콤달콤을 나누는 일도, 초미세먼지가 가득한 대기를 달려가는 일도 어린이가 스스로 내린 선택이었다. 어린이의 건강을 염려할 수는 있지만 어린이를 대신해 선택할 수는 없었다.

어린이들은 어른의 말을 골라 들었다. 따라야 할 염려와 어겨도 좋은 염려를 구분했다. 초미세먼지 상태가 '아주 나쁨' 단계일 때 초미세먼지의 위험성을 이야기하며 밖에 나가지 않길 권하면 나가 놀지 않았다. 떡볶이는 탄수화물 덩어리인 떡에 고추장과 설탕과 물엿을 넣은 음식이라 먹으면 혈당을 빨리 올려서 건강에 좋지 않다고 장난스럽게 말했더니, "맛있게 먹으면 0칼로리"라는 대꾸가 나왔다. 어린이는 염려하는 어른의 말을 무시하지도, 복종하지도 않았다. 스스로 생각하고 선택했다. 어린이가 가진 선택권은 좁았지만, 그 안에서 최선을 다해 자기 욕망에 충실했다.

쌉가능, 억까, 힘숨찐, 에바

어린이들이 하는 말은 새로웠다. 내 귀에 어색한 말들을 당연하게 썼다. 은어나 비속어는 또래 문화에서 유통되는 것이라, 내가 이해하기 어려운 말들도 있었다. 나의 어린 시절을 돌이켜보면 '훔치다' 대신 '쌔비다', '뽀리다', '애비다'라는 말을 썼다. 국어 교과서에서는 은어나 비속어를 사용하지 말라고 했지만 실제 언어생활에서 교과서가 가진 힘은 미약했다.

최근에는 어린이로부터 '가능하다'는 말에 손쉽다는 뜻이 담긴 '쌉'을 붙인 '쌉가능'이라는 표현을 들었다. 풀어보자면 '완전 가능'이라는 뜻이다. 하지만 '쌉가능'

과 '완전 가능'은 다른 단어였다. '쌉가능'은 "그까짓 것 금방 가능"하다고 어린이가 말하는 느낌이고, '완전 가능'은 "어렵지 않아요!"라고 말하는 직장인의 언어로 느껴진다. 온라인 언어나 유행어 혹은 밈은 교실 안에서 흔하게 사용됐다.

"이번 영어 단어 개꿀이쥬."

"긁?"

"겠냐?"

'개꿀'은 쉽다는 뜻이다. '긁'은 긁혔다는 뜻, 즉 스스로 콤플렉스가 발동해 화를 냈다는 뜻이다. '겠냐'는 방금 말한 앞 내용을 비트는 반전 멘트다. "와, 오늘 단축 수업이다.", "정말?", "겠냐?" 이런 식이다. '대박이다', '쩐다'와 비슷한 뉘앙스인 '지린다', 망쳤다는 뉘앙스인 '조졌다', '열 받는다'는 말에 '킹'을 붙인 다소 익살스러운 표현인 '킹받는다'도 교실에서 자주 들었다.

수학 시간에 어린이들이 쉬운 문제를 잘 풀어서 복잡한 서술형 문제를 냈다. 단번에 답이 나오지 않고 고민해서 해결 방법을 찾아야 하는 문제였다. 답을 찾으려 애쓰고 있던 한 어린이가 말했다.

"선생님, '억까'예요."

어린이들이 쓰는 언어가 내 삶 속으로 불쑥 들어온 순간이었다. '억까'는 억지로 비판한다는 뜻이다. 처음에는 이 표현이 불편했다. 나는 억지로 비판한 적이 없지 싶었다. 교육이나 지도를 '억지로 까인' 일로 생각하는 일이 서운했다. 알고 보니 어린이들이 말하는 '억까'는 억지 비판이라기보다는 과한 의견이나 쉽게 받아들일 수 없는 의견을 일컫는 말이었다. 본인 입장에서 부담이 되거나 과하면 '억까'였다.

"오, 선생님 '힘숨찐'이었어."

장난기 많은 어린이가 내게 한 말이다. '힘을 숨긴 찐따'라는 뜻이다. 나는 평소 '찐따'라는 말에 '긁히는' 사람이지만, 이 말에는 다소 애정이 담겨 있었다. 강력하지만 자신의 힘을 숨기다 위급한 상황에 나서는 슈퍼맨처럼, 알고 보면 의외의 능력이 있는 사람을 '힘숨찐'이라고 불렀다. 그 말에 애정이 담겨 있다고 생각한 이유는, 어린이가 나에게 직접 자신이 사용하는 언어를 썼기 때문이다. 자신이 '힘숨찐'이라고 말한 의도를 선생님이 이해하기를 기대했다고 나는 생각했다.

체육 수업에서 균형을 잡는 운동을 하려고 한 발 겨우 들어갈 너비인 평균대 위에서 걷기 연습을 했다. 잘 걸어가는 어린이도 뒤뚱거리는 어린이도 있었다. 평균대 위에서 뒤로 걷기를 해보자고 했다. 직접 시범도 보였다.

"선생님, 그거 '에바'예요."

'오버'라는, 즉 과하다는 뜻이다. 나는 매 체육 수업 시간에 활동은 할 수 있는 만큼만 하자고 했고, '에바'라면 중간에 멈추거나 시도하지 않으면 된다고 생각했다. 수업 중에 예의 있는 말은 아니라고 생각해서 다르게 말해달라고 했다. 어린이가 하는 어떤 말은 상대를 생각하지 않은 말이기도 했다. 어린이들은 '선 넘는다'는 말도 자주 했는데, '에바'는 내게 선 넘은 말로 들렸다. 내 수업 내용을 평가한다는 느낌도 들었다. 수학 시간에 분수의 나눗셈이 어려워도, 사회 시간에 현대사 내용이 지루해도 '에바'라고 하지 않았다. 나는 유독 체육 수업 시간에 어린이들이 선을 넘는다고 생각했는데, 일부 어린이들은 자신에게 체육 수업을 공공연하게 평가할 권리가 있다고 생각하는 것 같았다.

어린이들은 공적으로 쓰는 말과 친구들끼리 있을 때 쓰는 말을 구분했다. 교실에서 친구들끼리 이야기하다가 "야, 선생님 옆에 있어"라고 주의를 주며 내가 들을까 '모드'를 변경했다. 늘 모드 변경이 부드럽지는 않아서 친구와 편하게 쓰는 말을 나도 듣는다. 순한 말이 아니라 거슬리는 표현들에서 어린이들의 진솔한 생각을 알 수 있었다. 은어나 비속어 같은 또래 언어는 어린이들을 이해하는 도구가 되었다.

같은 언어를 쓰는 집단을 '언중'이라고 한다. 어린이와 나는 다른 언중에 속했다. 어린이들이 내 언어를 쓰기도 하고 내가 어린이 언어를 모방하기도 했지만, 입장이 다르니 표현도 달랐다. 기성세대에 접어들면서 점점 더 '어른의 말'을 썼기에 시간이 지날수록 어린이와 나의 언어는 더 달라졌다. 세대 차이에 더해 지위와 환경의 차이가 겹친 결과였다. 어린이의 말에서 내가 느낀

거슬림은 내가 어린이와 상당히 멀어졌다는 사실을 알려주는 신호였다. 점점 모르는 말들이 늘어났다. 어린이들의 공간에 있어도 감수성이 달라 어린이와 나는 느끼는 바가 달랐다.

머글과 덕질 사이

2001년도에 나는 초등학교 5학년이었다. 그 시절 어린이들의 마음을 사로잡은 가수는 지오디god였다. 남성 아이돌 그룹 지오디는 선풍적인 인기를 끌었다. 지오디가 나오는 방송을 보면 관객석에는 하늘색 풍선이 휘날렸다. 나는 지오디의 노래 중 〈하늘색 풍선〉과 〈촛불 하나〉를 좋아했다. 시간이 흘러 팬들이 흔드는 풍선은 색색의 응원봉으로 바뀌었지만 아이돌 그룹을 아끼는 사람들은 여전히 많다. 교실에서도 아이돌을 좋아하는 어린이들을 어렵지 않게 볼 수 있다.

 요즘 어린이들은 대중문화와 영상 미디어에 익숙하

다. 각자 좋아하는 아이돌 그룹이 있고, 틱톡에서 본 유행하는 밈을 반복했다. 어린이들이 접하는 대중문화 중에서도 아이돌 그룹의 영향력이 가장 컸다. SNS에는 아이돌의 예능 촬영분 클립이나 무대 영상이 떠돌았다. 어린이들은 아이돌의 컴백 앨범을 듣고 웹 예능을 시청했다. 제일 좋아하는 멤버의 무대 직캠 영상을 보며 감탄도 했다. 교실에 있으면 흘러가는 아이돌 컴백 소식이나 근황을 들을 수 있다. 어느 날은 BTS 멤버 진이 군대를 간다는 소식에 한 학생이 눈물을 흘렸다.

"석진 오빠 군대 간대……."

BTS 멤버 진은 나랑 한 살 차이인데, 6학년 어린이가 진을 오빠라고 불렀다. 진이랑 내가 한 살 차이라고 하자 내게 장난으로 정색을 했다. 어린이들이 마음 놓고 좋아할 만한 사람이 있다는 사실은 좋았다. 어린이들이 좋아하는 사람들이라면 적어도 자신에게 영향받을 어린이를 고려해 말과 행동을 하리라 믿었다.

좋아하는 아이돌의 포토카드를 사서 지니고 다니는 어린이도 있었다. 어딘가 좋은 곳에 가면 '예절샷'이라며 포토카드와 함께 사진을 찍었다. '덕질'을 하려고 SNS 활동을 하는 어린이도 있었다. 같은 아이돌을 좋아하는 친구를 만나면 SNS에 도는 '떡밥(이야깃거리들)'을 꺼내 대화를 시작했다. 아이돌은 대화를 여는 소재나 수단으로도 쓰였다. 친구들끼리 같은 아이돌을 덕질하며 우정을 다지기도 했다. 새 학년이 되어 새로운 반에 가면 같은 아이돌을 좋아하는 친구를 먼저 찾는다는 말도 들었다.

어린이들 사이에는 아이돌 포토카드를 모으는 문화도 있다. 내가 초등학생 때 문구점에서 연예인 책받침이나 엽서를 사 모았던 것과 비슷했다. 정식 발매된 앨범을 사면 포토카드가 들어 있는데, 앨범 속 포토카드만 따로 사기도 한다. 보통 한 장에 이만 원 정도이고, 인기 있는 카드는 칠만 원이 넘는다고도 했다. 몰라본 포토카드 시장은 생각보다 컸다. 문구점에서는 천 원이나 이천 원짜리 비공식 포토카드를 팔았다. 수십 장을 모은 어린이도 있었는데, 생일 선물로 받거나 보호자가 사주기도 했다. 카드를 넣을 수 있는 케이스인 탑로더를 사서 포토카드를 넣어 들고 다녔고, 포토카드에 스티커를 붙이거나 꾸미기도 했다. 포토카드를 바인더 파일에 모아두는 어린이도 있었다. 왜 사서 모으는지 물었더니 보면 기분이 좋아진다고 했다.

사실 나도 아이돌을 좋아한 역사가 길다면 길다. 걸 그룹 '이달의 소녀'를 오랫동안 좋아했다. '좋아했다'고 쓴 이유는, 계약 문제로 사실상 해체한 그룹이기 때문이다. 이달의 소녀의 웅장한 세계관과 음악의 감성이 좋았다. 군무 연습 영상이 해외에서 주목을 받을 정도로 퍼포먼스도 뛰어났다. 나는 이달의 소녀의 마지막 콘서트에도 갔다. 나도 어린이들에게 다가가려고 아이돌을 활용했다. 점심시간에 가끔 신청곡을 틀어줄 때 슬쩍 이달의 소녀 노래를 틀면서 내가 좋아하는 그룹이라고 소개하기도 했다. 어린이들은 선생님이 아이돌을 좋아하는 건 처음 봤다고 했다. 학교에서 진행한 중고장터 행사때 이달의 소녀 멤버 츄의 포토카드를 내게 판매한 어린이도 있었다. 날 생각해서 가져왔다고 했다. 나는 바로 토스 앱으로 포토카드 값을 송금했다. 한동안 내 책상 모니터 아래에는 츄의 포토카드가 있었다. 어린이들은 오며 가며 내 포토카드를 구경했다.

어떤 여학생들은 쉬는 시간에 각자 좋아하는 아이돌 그룹 이야기만 한 달 내내 했다. 그렇게 할 이야기가 많을까 싶었지만, 이야깃거리는 무한했다. 이 무리와 친해지고 싶은 남학생도 아이돌 그룹을 좋아한다며 대화를 열었다. 이 남학생의 마음에 들어온 아이돌 그룹은 에스파였다. 누구는 멤버들의 생일 카페(멤버의 생일 시즌에 팬들이 카페를 대관해 꾸미는 이벤트)에 간 이야기를 했고, 누구는 어제 올라온 틱톡 챌린지 영상 이야기를 했다. 에스파의 멤버 윈터는 본명이 김민정인데, 국어 교과서에 '민정'이라는 이름이 나오면 어린이들은 에스파를 좋아하는 친구를 보며 키득댔다.

아이돌 문화를 즐기는 어린이들의 이야기에서 '소비'가 보였다. 포토카드를 사고, 앨범을 사고, 생일 카페에 가서 돈을 썼다. 아이돌 팬덤이 멤버의 생일을 축하하는 방식도 소비였다. 편지를 쓰기보다는 카페를 대관해 생일 카페 행사를 열거나, 지하철역 전광판에 광고를 냈다. 거의 모든 덕질이 소비와 연결되었다. 돈이 아니면 시간을 썼다. 음원 사이트에서 음원을 반복해 스트리밍 하거나, 아이돌이 출연한 유튜브 영상의 조회수를 늘렸다. 엔터테인먼트 업계가 어린이들을 소비자로 훈련한 다는 생각까지 했다.

하지만 어린이들은 충성스러운 소비자는 아니었다. 굿즈가 비싸면 '에바'라며 안 샀고, 아이돌 멤버가 물의를 일으키면 '탈덕'했다. 마음이 식으면 중고 거래 사이트에서 포토카드를 팔았다. 어린이들이 좋아하는 아이돌은 시기마다 달랐다. 2년 전에 맡은 반에는 'NCT 127'을 좋아하는 어린이들이 있었지만 요즘 만나는 어린이들은 '보이넥스트도어'를 좋아한다. 포토카드를 사지 않고 음악만 듣는 어린이도 있고, '잡덕'이라며 음악이나 댄스 실력을 보고 여러 그룹을 좋아하는 어린이도 있다. 버추얼 아이돌이나 커버 곡 가수를 좋아하는 어린이도 있다.

어린이 아이돌 팬들은 기성세대가 낯설어할 방식으로 아이돌 문화를 받아들였다. 포토카드 통을 꾸미거나 비즈로 탑로더를 꾸미는 일은 진지한 취미로 인정받았다. 꾸미는 영상을 찍어 SNS에 올리기도 했다. 나는 아이돌 문화를 지탱하는 소비주의를 염려했지만, 어린이들은 소비하면서 내가 모르는 맥락의 즐거움을 누렸다. 포토카드를 토템으로 여기는 일도, 밥 먹을 때 포토카드로 예절샷을 찍는 일도, 생일 카페에 가서 특전을 받는 일도 소비에서 시작한 일이지만 소비에만 그치지 않았다. 소비하지 않는 '머글(팬이 아닌 사람)' 상태와 소비로 가득한 덕질 사이에서 어린이들은 자신의 경로를 탐색했다.

표현하는 어린이들

영국의 총리 윈스턴 처칠은 우울증이 있었다. 그는 우울증을 '검은 개'라 불렀다. 처칠은 우울증을 돌보려고 그림을 그렸다. 영화나 드라마에서 볼 수 있는 강인한 이미지와는 다르게 처칠은 몇 번씩 무너진 사람이었다. 처칠은 40대에 처음으로 그림을 그리기 시작했다. 창작과 표현은 강력한 환기 수단이었다.

어린이들은 자신을 표현했다. 때론 특이한 옷이나 장신구로 자신을 드러냈다. 실내에서 선글라스를 끼는 어린이도 있었고, 배꼽이 드러나는 크롭티를 입는 어린이도 있었다. 커다란 베레모를 써 주변의 시선을 받거나 탈색을 한 어린이도 있었다. 나는 자기표현이 다른 사람에게 피해를 주지 않는다면 어린이들이 어떤 방식으로 표현하든 별로 괘념치 않는다.

"실내에서 모자를 쓰는 건 좀 예의에 어긋나지 않나요?"

어린이가 실내에서 모자를 써도 신경 쓰지 않는다고 하자 동료 교사가 내게 한 말이다. 예의가 서로의 관계를 위한 방식이라면 나는 괜찮으니 상관없다고 여겼다. 학생들은 손질한 머리가 마음에 들지 않아서, 머리를 안 감아서, 새 모자를 뽐내려고 모자를 썼다. 언젠가는 밴드를 아무 이유 없이 코에 붙이는 어린이가 있었는데, 유행이 되어 코에 밴드를 붙이는 무리들이 복도에 출몰하기도 했다. 다른 어린이들과 구별되고 싶어 하는 어린이들이었다.

어린이들은 '밈Meme'이라 부르는, 유행하는 표현을 교실에서 썼다. 의미나 출처를 따져보면 그다지 윤리적이지는 않은 밈이 많았지만 어린이들은 재미있어 했고, 무엇보다 시간이 지나면 사그라들기에 웬만하면 막지 않았다. 내가 어릴 때도 '주접'이나 '엽기'라는 말이 유행했지만 지금은 잘 쓰지 않는다. 어린이들을 웃게 하려고 나도 수업 중에 인터넷에서 본 표현을 썼다. "선생님이 '말아주는' 수학 수업", "'갑분싸' 만들어서 미안하네요" 등등. 알아들을 수 있는 사람만 알아들을 수 있는 말을 쓰니 왠지 밀어를 주고받은 기분이었다.

쉽게 좋고 나쁨을 판단할 수 없는 요즘 유행 중 하나는 '숏폼' 영상이다. 틱톡이나 유튜브에는 30초가 안 되는 영상이 많았다. 가수가 신곡을 홍보하려 찍은 댄스 챌린지 영상이나 유행을 일으키려는 목적으로 무언가를 시도하는 챌린지 영상이 올라왔다. 시청자들은 놀이 문화로 여겨 챌린지 영상에 참여했다. 어린이들은 수시로 숏폼 챌린지를 보며 따라했다. 한창 손 댄스가 유행했던 시기에는 수업 중 허공에 손 댄스 동작을 하는 어린이들이 많았다.

어린이들은 유행하는 춤을 친구와 함께 추고 영상을 찍으며 재미있어했다. 가수 김종국의 〈사랑스러워〉처럼 흘러간 옛 노래가 틱톡 챌린지에 다시 쓰여 인기를 얻기도 했다. 괴상한 춤을 유행시키려는 챌린지 영상들도 많았다(예시가 궁금하다면 '하이디라오 나루토 춤'을 검색해 보길 바란다). 어린이들은 좋아하는 독특한 춤이나 아이돌의 챌린지 댄스를 따라하고 찍으며 유행 대열에 탑승했다.

챌린지 춤을 추며 어린이들은 자주 웃었다. 평소에는 잘 하지 않는 자세와 동작이 춤에는 있었다. 전에 쓰지 않던 방식으로 몸을 쓰며 즐거워했다. 졸업 여행이나 학교 행사에서 장기자랑이 열리면 무대에서 춤을 추는 어린이들이 많았다. 학교에서 체육 행사를 열 때면 '랜덤 플레이 댄스' 프로그램도 진행한다. 노래를 재생하면 춤을 아는 어린이들이 운동장 가운데로 뛰어나와 자신 있게 춤을 추었다. 구경하는 어린이들은 춤을 추는 친구들을 보며 즐거워했다.

한번은 6학년 어린이들이 참여하는 장기자랑 행사의 주최를 담당한 적 있다. 마이크를 준비하고, 음향을 체크하고, 리허설을 진행하는 일은 모두 내 몫이었지만 기대하는 학생들을 보는 건 즐거웠다. 아이돌 그룹 'NCT 드림'의 곡 〈캔디〉를 부르는 팀이 있었다. 1980~1990

년대 출생자들이 모를 수가 없는 아이돌 그룹 'H.O.T'의 히트곡 〈캔디〉의 리메이크 곡이었다. 30대 선생님들도 함께 노래를 흥얼거렸다. 무대의 하이라이트는 춤을 아는 어린이들이 무대에 난입한 때였다. 어린이들이 우르르 무대로 달려들어 〈캔디〉 춤을 췄다. 〈캔디〉 하면 생각나는 '망치춤'과 앉아서 바닥에서 콩콩 뛰는 춤이 리메이크 버전에도 있었다. 남녀 구분 없이, 막춤과 막춤 아닌 춤이 뒤섞였다. 각자 아는 춤을 추었고 어떤 어린이들은 유행하는 챌린지 춤을 〈캔디〉에 맞춰 췄다.

음악 교과서에 있는 노래를 합창할 때면 지루해 보였던 어린이들이 원하는 노래와 원하는 춤을 추며 자신을 표현할 때는 누구보다 빛났다. 장기자랑 행사에 어린이들만 표현하게 하는 건 민망해 나도 무대에 올랐다. 대학 시절에 흑인 음악 동아리를 했기에 랩 한 소절쯤은 할 수 있었다. 래퍼 우원재의 곡 〈시차〉를 불렀다. 함께 가사를 흥얼거리는 어린이도 있었다. 래퍼를 꿈꾸는 어린이들은 무대 아래에서 내게 랩을 잘 한다며 칭찬을 했다. 교실에서는 늘 선생님이 공연자이고 어린이는 관객이었는데, 이 질서를 어린이가 무대에 올라 뒤집었다. 나도 무대에서 선생님답지 않은 모습을 드러냈다.

학교 행정 속 문서나 교장 선생님의 입에서는 '학생 중심'이라는 말이 자주 나왔지만, 정말로 학교가 학생 중심으로 굴러간다고 생각해본 적은 적다. 하지만 학생들이 자신을 드러내고 표현하며 즐기는 모습은 분명히 '학생 중심'적이었다.

학생 선수는 매일 배운다

"오, 미래의 우리 국가대표! 많이 먹어."

점심시간에 한 어린이가 반찬을 퍼주면서 친구에게 한 말이다. '미래의 국가대표'라는 말을 종종 듣는 에닝요는 엘리트 축구 선수다. 정말 친구가 국가대표가 된다고 믿는다기보다는, 할 수 있는 최대의 응원을 꺼냈을 것이다. 세계적인 축구 선수 손흥민과 이강인 같은 선수가 되길 바라는 마음이다. 나와 같은 어른들은 엘리트 체육에 들어가는 돈이나 선수가 겪을 부상을 걱정하지만 어린이들은 유소년 선수를 동경했다.

에닝요는 축구부가 있는 중학교로 진학할지 고민했

다. 에닝요의 아버지는 에닝요가 축구부 활동을 이어나가기를 바랐고, 어머니는 그만두기를 바랐다. 어머니는 내게 에닝요가 축구부에 진학하지 않도록 설득해달라고 부탁했다. 자녀가 당할지 모르는 부상을 걱정했고, 공부를 해서 다른 진로를 찾길 바랐다. 어머니의 염려는 충분히 이해했지만, 축구를 취미로 하도록 에닝요를 설득하지는 못했다. 되레 집안 사정을 걱정하는 에닝요에게 신경 쓸 일 아니니 하고 싶은 대로 해도 괜찮다고 했다. 에닝요는 여전히 축구가 너무 좋아서 축구부가 있는 중학교로 진학했고, 익숙한 또래와 떨어져 다른 동네에서 중학생 생활을 시작했다.

나는 에닝요가 좋아하는 운동을 하며 배우는 것들을 생각했다. 감독, 코치, 심판, 동료 선수와 관계를 쌓고 경기장에서 팀워크를 발휘하며, 식단을 관리하고 강도 높은 훈련을 거치면서, 매일 훈련 일지를 쓰고 어떤 선수가 되어야 하는지 성찰하며 자신만의 배움을 이어간다고 생각했다.

우리 반 야구 선수인 감자가 경기를 하러 떠난 날, 감자의 친구가 경기를 볼 수 있는 유튜브 채널을 알려주었다. 동료 선수의 아빠가 연습 경기를 늘 실시간으로 송출한다고 했다.

"저 선수 감자 아니에요?"

"아닌 거 같은데요?"

"감자 맞아!"

타석에 선 선수가 우리의 감자인지 아닌지 구분하기 어려웠다. 모두가 같은 유니폼과 헬멧을 쓴 뒷모습으로는 도저히 알아볼 수 없었다. 전에 야구를 했던 어린이가 감자의 등번호를 알려주었다. 덕분에 감자가 나오는 순간을 함께 볼 수 있었다. 감자는 안타도 쳤고 아웃도 당했다. 어린이들은 감자가 배트를 휘두를 때 긴장했다. 두 타석만 잠깐 보았지만, 함께 경기를 보았다는 화제로 다음 날 학교에 온 감자와 이야기를 더 많이 할 수 있었다. 감자는 언젠가 고칼슘 두유를 먹었던 날 홈런을 쳤는데, 그래서 경기 전 의식처럼 고칼슘 두유를 먹는다고 했다. 나는 고칼슘 두유를 먹으며 홈런을 상상하는 감자의 모습을 떠올렸다. 감자가 프로 선수가 될 수 있을지 없을지 아직은 모른다. 다만 나는 고칼슘 두유를 마시며 경기를 다니는 감자가 교실에 있는 친구들과 다른 종류의 배움을 하고 있다고 생각했다.

친구들이 수학 문제를 풀 때 감자는 배트로 스윙을 했고 날아오는 공을 잡았다. 나는 감자가 야구 경기에 사용하는 기능도 훈련하지만 팀 스포츠에 어떤 마음으로 임해야 하는지도 배운다고 생각했다. 야구 경기에서 상대 팀 타자가 친 뜬공을 서로 잡으려고 뛰어가는 장면을 자주 본다. 감자도 자기가 잡을지 동료가 잡게 할지 고민하는 시간이 있을까? 동료가 못 잡을 공을 잡으려고 전력 질주하는 감자, 멋진 수비를 해 동료들이 감자의 엉덩이를 토닥이며 인정하는 모습, 동료의 아쉬운 플레이에 더 아쉬워하는 감자의 표정을 상상해봤다. 스포츠 속에서는 몸을 움직이고 으쓱해하고 아쉬워하는 일을 배울 수 있다.

반 친구들은 유명한 국가대표 선수를 상상하고, 어른들은 스포츠 스타의 경제적 성공을 주로 말하지만, 나는 오랜 시간 몸으로 배운 일들이 드러나는 순간을 생각했다. 야구 선수 오타니 쇼헤이는 다른 사람이 버린 운을 줍는다며 경기장에서 쓰레기를 주웠다. 오랜 시간 허리 굽혀 쓰레기를 줍는 오타니 쇼헤이의 모습, 파울볼을 자연스럽게 어린 팬들에게 던져주는 야구 선수들의 모습을 떠올렸다. 경기장에서만 배울 수 있는 경험과 시선이 있다. 나는 학생 선수들이 마주한 다른 배움도 중요한 교육의 순간이라고 생각했다.

그래서 같이 달렸다

교실에는 이상한 어린이들이 있다. 정확히는 '이상하다는' 어린이들이다. 나는 '찐따'나 '왕따'처럼 다른 사람을 배제하는 말이 싫어서 서로를 존중하자고 가르쳤지만, 어린이들의 관계는 제멋대로였다. 찐따는 피해야 하는 상태로 여겼고 왕따는 티나지 않게 무시당했다. 옷을 못 입거나 어딘가 어수룩하면 찐따라고 불렀다. 다른 어린이에게 '찐따처럼 입는다'고 말하는 어린이를 보았다. 그 순간 나는 내 과거를 떠올렸다. 어린 시절 나는 시장에서 산 옷이나 엄마가 일하는 미싱 공장에서 얻어온 옷을 입었기 때문이다. 옷에 물감이 묻었는데도 지워지지 않아 그대로 입고 다니기도 했다. 교복을 잘 빨지 않아 유독 누런 하복을 입고 다니기도 하고, 교복 셔츠 손목에 때 자국이 있는 채로 다니기도 했다. 그런 내 행색이 부끄러운 일이거나 단점을 드러내는 일이라고 생각하지 못했다. 어린 나처럼 자신의 겉모습을 다른 사람의 시선으로 보지 못하는 친구를 어린이들은 '찐따'라 불렀다. 초라한 행색은 옷을 잘 입으려는 의지의 부족 때문일 수도 있지만, 옷이 없거나 옷을 관리하는 돌봄의 손길이 닿지 않았을 수도 있다. 이 많은 가능성을 고려하지 않는 판단은 폭력이었다.

선생님들의 은근한 고민 대상이 바로 말 없는 어린이다. 말을 하지 않으면 교우 관계가 쌓이지 않기 때문이다. 나는 친밀한 관계가 반드시 필요하다고 생각하지 않았다. 친구가 없는 어린이가 시급히 바뀌어야 한다고 생각하지도 않았다. 하지만 보호자와 동료 선생님은 어린이 본인보다 조바심을 냈다. 어른들은 어린이가 혼자서 삶에 충분히 만족할 수 있다는 사실을 이해하지 않고, 말하지 않는 상황을 병적 상태나 문제 상황으로 보며 염려했다. 말은 해도 친구가 별로 없다면 사회성이 부족하다며 어린이의 미래를 걱정했다. 하지만 친구가 없어도 불편하지 않다고 내게 말하는 어린이들도 적지 않았다.

몸이 달라 다른 대우를 받는 어린이도 있다. 체중이 또래보다 많이 나가 동작이 재빠르지 못한 어린이가 있었다. 어린이들은 체육 시간에 이 어린이와 같은 팀이 되지 않길 바랐다. 나는 잘하는 것보다 정확히 하는 것이 중요하다고 말했지만, 어린이들은 경쟁심이 먼저였다. 체육대회를 할 때면 장애가 있는 어린이를 고려해야 했다. 지적장애가 있거나 발달장애가 있는 어린이 중 일부는 정해진 길을 달리는 운동을 어려워하는데, 체육대회에는 이어달리기나 단거리 달리기 종목이 있기 때문이다.

"세모는 빼는 거죠?"

"아니요, 당연히 같이 뛰어야죠."

선량한 옆반 선생님은 발달장애가 있는 세모가 반별 달리기에서 당연히 빠진다고 전제했다. 반대로 나는 당연히 달려야 한다고 생각했다. 반별로 경쟁하면 어린이들은 과열되기 쉽고, 운동 기능이 부족한 어린이는 비난을 받을 수 있어 염려하는 것은 이해했다. 하지만 나는 세모도 함께 뛰어야 한다고 말했다.

어린이들은 승부에 몰입한다. 운동을 잘하는 어린이들도 실수를 해 승부를 그르칠까 불안해했다. 달리기를 잘하지 못하는 학생이 배제되지 않는 경기를 원했던 나는 고심 끝에 반별 달리기를 미션 달리기로 바꾸었다. 팔 벌려 높이 뛰기를 열 번 하고 뛰거나, 이길 때까지 선생님과 가위바위보를 하거나, 숫자를 100까지 세고 뛰는 등 미션을 넣어 승부를 교란했다. 세모와 나는 손을 잡고 함께 뛰었다. 우리는 운동장에 타원형으로 깔린 흰색 석회가루 루트를 따라서 달릴 수는 없었다. 비틀비틀, 우왕좌왕했다. 하지만 행보를 꼬아놓은 미션지 덕분에 세모의 달리기는 승부에 큰 영향을 미치지 않았다. 나는 어느 팀이 이기는지가 아니라 참여하는 어린이가 무엇을 하는지 고려했다. 승리가 순전히 운이라면, 그저 재밌게 참여하는 게 목적이 된다. 이기면 좋지만 져도 실력으로 진 것은 아니라서 아무도 기분 상하지 않는다. 과정에 더 중점을 두어서 실력과 상관없이 참여할 수 있는 달리기를 했다.

내가 세모와 달린 이유도, 달리기 규칙을 바꾼 이유도 '이상하다는' 어린이의 평범한 모습을 보여주고 싶었기 때문이다. 느린 사람도, 길을 따라 달리지 못하는 사람도 참여하는 평범한 달리기가 필요했다.

어린이들은 '조금 다른 어린이'를 다르게 대했다. '조금 다른 어린이'에게 옆 친구가 시비조로 말을 해도 묵인했고, 못 알아듣는다고 생각해 함께 놀렸다. 어떤 어린이는 장애가 있는 친구의 이름을 아예 모욕의 표현으로 사용했다. 문제는 '조금 다른 어린이'가 아니라 바깥에 있는 어린이들에게 있었다. 나는 '조금 다른 사람'의 모습이 일상에서 평범하게 볼 수 있는 모습이라 아무도 주목하지 않는 하루를 상상했다. '찐따'도, '말하고 싶지 않은 사람'도, '장애가 있는 사람'도 평범한 사람 중 하나라면 놀릴 이유를 찾지 못한다. 너무 평범해서 눈에 띄지도 않을 테니까. '조금 다른 사람'이 일상에 평범하게 녹아드는 것이 정의로운 모습이라고 생각했다.

어린이와 혐오 표현

노무현 전 대통령을 모욕하는 노래를 부르는 어린이가 있었다. 노무현 전 대통령의 죽음을 모욕하는 표현도 여러 번 썼다. 흔히 말하는 '일베'식 혐오 표현이었다. 들은 표현들을 유튜브에 검색해보니 비슷한 종류의 음악들이 있었다. 이런 표현을 하는 어린이는 한 명이 아니었다. 어린이들을 불러 왜 그런 표현을 쓰는지 물었더니, 어떤 어린이는 틱톡에서 본 걸 따라했다고 말했고 어떤 어린이는 노무현 전 대통령 평전을 읽고 감명 받아서 했다고 말했다. 뻔한 변명이었다. 나는 죽은 사람을 모욕하는 표현은 부적절하다는 말만 할 수 있었다.

나만 겪은 일은 아니다. 초등교사들이 이용하는 커뮤니티 사이트를 찾아보니 '진심 꼴 보기 싫다'며 일베식 표현을 쓰는 학생을 언급한 글이 있었다. 다른 선생님들의 반응도 있었다. '6학년 남학생들이 죄다 그러고 있어서 스트레스 받아요', '지속적으로 전 대통령을 비하하는 단어들을 쓰며 교실에서 낄낄대는 학생들을 어떻게 지도해야 할까요?' 내 심정과 비슷했다. 하지만 나를 포함한 선생님들의 입장은 난처하다. 죽은 사람을 모욕하는 표현을 바로잡는 일은 정치 이야기가 아니지만 전 대통령에 대한 이야기는 특정 정치 세력을 옹호하는 이야기로 들릴 수 있어 조심하기 때문이다. 어린이들이 무슨 말인지 모르고 했길 바란다며 탄식하는 댓글도 있었다.

노무현 전 대통령을 모욕하는 표현은 SNS에 다양한 방식으로 유통되었다. 일부 극우 성향 네티즌들은 온라인 커뮤니티와 숏폼 SNS에 노무현 전 대통령을 모욕하는 음악과 영상을 합성해 올렸고, 고인 모독을 놀이 문화이자 유머 코드로 사용했다. 어린이들은 범람하는 혐오 콘텐츠를 시청하고 따라했다. 노무현 정권기에 태어나 있지도 않았던 어린이들이 노무현 전 대통령을 모욕하는 일은 혐오를 미디어로 '학습'한 결과였다.

어린이들은 '잼민이'라는 표현도 자주 썼다. '민폐를 끼치는' 어린이를 낮춰 부르는 표현이다. 국어 시간에 '잼민이'라는 표현을 써도 좋은지 토론한 적 있다. '잼민이'를 쓰면 안 된다고 생각하면 교실 왼편에, 써도 괜찮다고 생각하면 오른편에 서도록 했다. 내 예상과 다르게 80퍼센트 이상의 어린이들이 '잼민이'라는 표현을 써도 된다고 생각했다. '잼민이'라는 말을 들으면 기분이 좋지는 않지만 막을 필요까지는 없다는 견해부터, 기분 나쁘지 않다는 의견까지 스펙트럼이 넓었다. 놀라운 의견은 자신을 '잼민이'라고 부르는 어른에게 '틀딱*, 딸피**'라고 대꾸하면 된다는 거였다. 나는 그런 말은 다른 사람을 사회에서 추방하는 말이니 쓰지 말라고 했다.

---

* 틀니를 사용하는 건강 약자나 고연령자를 혐오하는 표현.
** 게임 캐릭터의 체력(Health Point, 통칭 HP)이 조금 남은 상황을 고연령자에 빗댄 혐오 표현.

어린이들은 반사회적인 표현이 '재미'있어서 반복했다. 저속한 언어가 주는 해방감에 이끌렸다. 저속함과 세련됨을 구분하는 언어 규범은 어린이들 사이에서 통용되지 않았다. 혐오 표현은 재미를 넘어서는 윤리적인 문제지만, 어린이에게 '혐오 표현'과 '재밌는 표현'은 경계가 얇았다. 어린이들이 혐오 표현을 사용하지 않게 하려면 혐오 표현에 담긴 사회적 맥락을 이해시켜야 하는데, 그 맥락을 어린이가 전부 파악하기는 어려웠다. 혐오 표현을 쓰면 사회에서 나쁜 평판을 얻는다고 지도하거나 표현 하나로 전 국민적 질타를 받은 연예인의 사례를 들어 겁을 주는 선생님도 있었다. 하지만 나는 어린이들이 맥락을 고려하며 말하기를 바랐다. 의미를 모르는 말은 안 쓰기를 바랐다. 그래서 내가 선택한 방법은 최대한 맥락을 설명하는 것이었다. 전 대통령의 죽음을 웃음거리로 삼는 표현의 의도와 이 표현에 대한 어른들의 반응을 설명했다.

당사자가 바꿀 수 없거나 선택하지 않은 것을 조롱하는 일도 혐오라고 말했다. 사회에서 혐오 표현을 듣는 사람은 소수자거나 약자라고, 젊은 사람이나 비장애인은 같은 방식으로 조롱당하지 않는다고 말했다. '젊기만 한 사람아', '두 다리로 걷는 사람아'라고 예를 들으니 어린이들은 웃었다. '잼민이'라고 부르는 사람과 '잼민이'라는 말을 듣는 사람이 있을 때 두 사람이 가진 사회적 힘의 차이를 생각해보기를 권했다.

혐오를 주제로 어린이와 대화하는 일은 어려웠다. 혐오라는 말이 다양한 맥락에서 쓰이기 때문이다. 급식실 잔반통에 섞여 있는 잔반을 보고 드는 감정도 '혐오'고, 한 사람을 향한 강한 적대 감정도 '혐오'다. 사회적 차별을 승인하고 강화하는 발언도 '혐오'다. 각각의 개념을 오인할 수 있어서 '혐오'하지 말라는 말보다는 남이 쓰는 말을 똑같이 반복하지 않기를, 다른 사람을 환대하는 표현을 쓰기를 요청했다. '잼민이'라는 말에 자신은 기분 나쁘지 않아도 그런 말에 기분 나빠하는 친구가 있기 때문이다. 어린이를 '잼민이'라고 부르는 사람을 부르는 말은 없고, '잼민이'가 되지 않으려 애써야 하는 사람은 어린이기 때문이다.

'금쪽이'를 위한 변론

소아청소년클리닉 원장이자 방송인으로 인간관계와 육아에 솔루션을 제공하는 '오은영 선생님'은 이제 하나의 브랜드가 되었다. 나는 오은영이 출연하는 〈금쪽같은 내 새끼〉를 종종 본다. 문제 행동을 하거나 양육이 어려운 자녀를 돌보는 보호자들의 고민을 듣고 대응책을 찾는 프로그램이다. 이 프로그램의 미덕은 진중함이다. 오은영은 쉽게 판단하지 않는다. 특히 의학적 판단은 잘 내리지 않는다. 필요할 때만 의학적 기준을 언급한다. 진단을 무기로 쓰며 다른 사람을 쉽게 진단하는 일을 경계하기 때문이다.

하지만 이 프로그램이 지닌 단점도 있다. 어려움을 겪는 아동의 실제 모습을 상세하게 전파로 송출한다는 점이다. 대역을 쓰거나 조금 더 세심했으면 좋겠는데, 어린이가 문제 행동을 하는 '무지막지한' 혹은 '비정상인' 아동으로 등장해 긴장감을 조성한다.

이 프로그램은 출연 어린이의 본명을 가리려고 '금쪽이'라는 호칭을 쓴다. 방송 이후 사회에서도 '금쪽이'라는 표현이 자주 사용됐다. 사람들은 '금쪽이'를 문제를 일으키는 사람이나 '육아 난이도가 높은' 어린이를 부르는 말로 썼다. 〈금쪽같은 내 새끼〉의 취지에 반하는 방식이었다.

방송에서는 어린이를 이르게 판단하지 않고 생활 장면을 관찰한다. 어린이가 불편해하거나 힘들어하는 이유가 무엇인지, 가정에서 어떤 대응이 가능한지 이야기하며 문제 행동의 원인을 찾아간다. 이 과정에서 때로 보호자에게 자신의 보호자와 맺은 관계를 묻기도 한다. 엄한 아버지에게 인정을 받지 못한 보호자는 아버지와 다르게 살았다고 했지만 비슷하게 완강하고 엄격하게 양육하는 사례도 있었다. 죽음이나 이혼으로 떠난 부모가 남긴 흔적으로 과거를 더듬는 보호자도 있었다. 보호자의 성장 배경과 경험도 어린이의 문제 행동에 영향을 미친다며 오은영은 사려 깊게 접근했다. 어린이를 둘러싼 맥락을 살피는 이 프로그램은 기본적으로 어린이가 이상 행동을 하거나 어딘가 아프다면 '금쪽이'여서가 아니라 다른 원인이 있다고 전제한다. 세심하게 문제 행동의 원인을 찾아나가는 프로그램이라 나는 〈금쪽같은 내 새끼〉를 사회 역학 프로그램으로 이해했다.

일부 선생님들은 반에서 문제를 일으키는 어린이를 '금쪽이'라고 지칭했다. 물론 나도 안다. 무지막지한 어린이가 있다는 사실을. 선생님들이 '명예퇴직 도우미'라 부르는 어린이도 있고, 신경정신과에 찾아가게 하는 어린이도 있다. 폭력적이거나 통념을 벗어나는 어린이에게 문제가 없다고 말하고 싶지는 않다. 하지만 선생님들이 쓰는 '금쪽이'라는 표현은 어린이가 '금쪽이'가 된 환경을 고려하지 않고, 어떤 지원이나 대응이 필요한지도 깊이 생각하지 않는 말로 들렸다.

어린 시절 나는 사람들이나 선생님들이 말하는 '금쪽이'에 가까웠다. 그래서 선생님이 되고도 어려움을 겪는 어린이 쪽에 더 마음이 갔다. 안정적으로 애착을 쌓고 깔끔한 옷을 입으며 자란 어린이보다는 그렇지 못한 어린이에게 이입했다. 명확한 발음으로 또박또박 말하는 어린이보다는 집중력이 짧고 말을 조리 있게 하지 못하는 어린이에게 더 눈길이 갔다. 내가 '금쪽이'였어서 동료를 쉽게 알아본다고 생각했다.

나는 어린이 시기에 불안정했다. 수업에 집중할 수 없어 교과서에 낙서를 자주 했더니, 담임 선생님은 내가 '낙서왕'이라고 공개적으로 조롱했다. 학교에서 마주치는 일들을 미리 걱정해서 등교하기 전에는 배가 많이 아팠다. '자제력 부족', '사회성 부족', '기복이 심함'. 내 초등학교 생활기록부에 적혀있는 표현들이다. 어른들은 내가 하는 행동의 결과는 보았지만 내가 행동하는 마음을 들여다보려 하지는 않았다.

내가 느낀 불안은 오롯이 나의 몸이나 인성만의 문제는 아니었다. 나의 어려움들은 내가 맺은 관계의 문제기도 했고, 노동계급 가정의 빈곤과 이어진 문제기도 했다. 나의 아빠는 공사장에서 일하다 추락해 크게 다쳐 발에 철심을 박았고, 엄마는 허리가 아팠지만 허리 굽혀 미싱을 탔다. 부모님은 몸을 갈아 일을 했지만 우리 집은 가난했다. 엄마는 채권 추심 전화를 내가 대신 받게 했고, 신용카드 연체 내역을 조회하게 했다. 그렇게 나는 무너지고 있는 가정의 경제 상황을 알게 되었다. 일용직 일자리를 공쳐서 쉬고 있는 아빠를 보고, 자주 싸우는 부모님을 보며 가늠할 수 없는 거대한 일들이 벌어지고 있다고 생각해 불안했다. 부모는 각자 살기 바빠 나는 부모와 애착을 쌓지 못했다. 위안이나 마음의 평화를 얻을 수 있는 방법이 없었다. 나의 부족함과 기복과 결함들은 누군가와 깊은 애착 관계를 쌓지 못하고, 적절한 돌봄을 받지 못해 혼자 어슬렁거린 삶의 결과였다. 내 어려움들은 나 혼자서 해결할 수 없는 문제였다.

웃으면서 다른 사람을 편하게 '금쪽이'로 부르는 사람들을 보면 '금쪽이'가 되는 경험을 해본 적이 없는 사람이라는 생각이 들었다. '금쪽이'는 문제의 원인이 아니라 결과였다. 다른 사람의 입장을 이해하려 노력해야 한다는 말은 상식으로 통용되었지만 실제로 다른 사람을 깊이 이해하려고 애쓰는 사람은 많지 않았다. 사람들은 대개 자신이 불편하면 다른 사람을 문제로 여겼다. 이 과정에서 어떤 어린이는 쉽게 '금쪽이'로 불렸다.

방송에서 오은영 박사가 내놓는 '솔루션'은 수긍 가능하고 명쾌했다. 하지만 돌이켜보면 내가 겪은 어려움들은 시작과 끝이 명확하지 않았다. '솔루션'으로 단번에 해결하기 어려운 일들이었다. '금쪽이'라고 불리는 어린이들이 어떤 삶을 살았는지 우리는 정말 알고 있을까? 누군가를 '금쪽이'라 부르며 이상하다고 선을 그으며 이해를 포기하고 있지는 않을까?

'금쪽이, 찐따, 바보, 멍청이'는 어느 교실에나 있다. 정확히는 그런 사람이 아니라, 그렇게 불리는 사람이 있다. 나는 소통이 안 되는 어린이들을 여럿 만났다. 줄넘기를 하겠다고 해놓고 가만히 서 있는 어린이, 운동장에서 화장실에 간다고 하고 교실로 올라간 어린이, 나를 해치겠다고 말한 어린이, 점심시간에 밥을 먹지 않고 사라져 찾으러 다녔더니 술래잡기를 하듯 도망치며 숨는 어린이가 있었다. 이 어린이들을 바로잡을 단 하나의 솔루션이나 해결책은 없었다. 다 알 수 없더라도 어린이들이 필요한 바를 알아보려 노력할 뿐이었다.

이해하기 어려운 어린이를 금쪽이라고 부르며 다양한 어린이를 이해하기를 단념하면 편하다. 하지만 편한 길을 선택해서 얻는 손해도 있다. 금쪽이라고 말하며 배제하는 순간 배제를 당연하게 여기게 된다. 나는 곤란함을 감수하고 계속 노력하는 일이 다양한 어린이를 배제하지 않는 방법이라 생각한다. 교실에서 도망가는 어린이를 찾아 나서는 일은 곤란하고 위험한 일이다. 그래도 어린이가 무엇을 말하고 싶은지 알려면 계속 부딪혀야 하지 않을까? 혼자서 부딪히는 선생님이 혼자라고 느끼지 않도록 지원할 필요가 있지 않을까? 선생님들은 많은 돌봄이 필요하고 자주 교사를 난처하게 만드는 어린이가 있는 학년을 맡길 피했다. 아무도 도와주지 않는 부딪힘의 굴레를 예상하기 때문이다.

선생님을 해보니 포기해야 하는 순간이 있다는 점은

안다. 내 몸은 하나고 교실을 쉽게 비울 수도 없다. 진행해야 할 수업이 있고 챙겨야 할 어린이들은 많다. 의학적 접근이 필요한 어린이가 있는데 보호자가 받아들이지 않기도 한다. 책임 소재 앞에서 나도 몸을 사리게 되지만, 그럴 때마다 나는 '구제불능'이라는 말을 들었던 어린 시절을 떠올린다. 나에게 필요한 건 '구제'가 아니라 아주 조금의 인정이었다. 어른들은 각자 가능한 만큼 다양한 어린이를 이해하려 노력해야 한다. 이에 더해 선생님이나 보호자가 혼자 어린이를 감당하지 않는 환경도 필요하다. 혼자서는 곤란함을 무한히 견딜 수 없기 때문이다. 우리는 어린이를 돌보는 어른이 처한 어려움도 사려 깊게 살펴야 한다. 어린 내가 통과한 어려움은 나를 돌보는 사람의 곤란함과 이어져 있었기 때문이다.

선생님 몇 단지 살아요?

나는 어렸을 때 아파트에 사는 친구들이 부러웠다. 붉은 벽돌의 낡은 빌라에서만 살았기 때문이다. 빌라에서 사는 게 불편하거나 특별히 힘들지는 않았다. 하지만 아파트라는 깔끔한 콘크리트 건축물은 어디에 사는지 자랑스레 말할 수 있다는 점이 부러웠다.

초등학교 4학년 때, 새로 지은 아파트에 사는 친구네 집에 놀러 갔다. 그 집은 창호가 넓고 창문이 컸다. 우리 가족이 살았던 반지하는 방충망과 방범 창살이 흉흉한 기분이 들게 했지만, 아파트에서는 창문을 통해 우리가 걷는 거리를 새의 시선에서 볼 수 있었다. 아파트만 집으로 생각하는 친구들은 빌라에서 사는 경험을 아예 몰랐다.

"나 3단지 살아. 너는?"

"나는 6단지."

아파트에 사는 어린이들은 다른 친구에게 어느 아파트에 사는지 순진무구하게 물었다. 하지만 교실에는 오피스텔에 사는 어린이도, 빌라에 사는 어린이도 있다. 이 어린이들은 어떤 생각을 했을까? 아파트가 아닌 곳에 사는 어린이들은 아파트 단지가 아니라 "○○동 살아", "빌라 살아"라고 답하며 말끝을 흐렸다.

"선생님, 몇 단지 살아요?"

아파트 단지 안에 있는 초등학교에서 일할 때 들었던 질문이다. 당시 나는 원룸에 살고 있었다. 그 어린이가 내가 얼마나 부유한지를 묻는 것은 아니었다. 어른은 당연히 아파트에 산다고 생각하는 어린이가 할 수 있는 질문이었다. 텔레비전에 나오는 연예인들은 멋진 단독 주택이나 아파트에 살았고, 드라마나 영화에서는 대개 아파트가 등장인물들의 거주지로 나왔다. 컴컴한 계단 아래로 내려가는 반지하 주택이나 결로로 곰팡이 슨 벽지가 있는 집이나 임대주택, 쪽방은 주인공이 사는 집이 아니었다. 간혹 그런 집이 나온다면 비참하거나 실패한 인물들의 공간이지, '멀쩡한' 일을 하고 연애도 하며 사회에서 성공한 사람이 사는 집은 아니었다.

언론에서는 어린이들이 '휴거(임대아파트 브랜드인 '휴먼시아'와 '거지'의 합성어)'나 '엘사(LH 임대아파트에 사는 사람을 뜻하는 말)'라는 말을 쓴다고 보도했지만 나는 비슷한 단어조차 들은 적 없다. 오히려 어른들이 집으로 사람을 판단했다. 사실 나도 '엘사'였다. 학교에 발령을 받고 LH 국민임대 아파트에서 오래 거주했다. 동료 교사들에게 내가 어디 사는지 당당하게 말하지 못했다. 어느 동 어느 역 근처에 산다고만 말했다.

나는 어른들과 대화할 때 웬만하면 어디에 사는지 묻지도 대답하지도 않는다. 부동산 이야기를 시작하면 내가 공감할 수 없는 말을 듣기 때문이다. 아파트 투자자들은 오래된 아파트를 썩었다는 뜻으로 '썩다리 아파트'라 불렀고, 재건축 예정 지역 아파트에 거주하는 일을 재테크로 생각해 '몸테크'라고 불렀다. 재건축이 더 쉽도록 건물의 낡은 외관을 그대로 두거나 시설 수리를 미루기도 했다. 안전진단에서 위험하다는 진단을 받으면 재건축에 '호재'라며 환호했다. 투자나 개발과 상관없이 건물 안에 거주하는 사람들의 이야기는 보이지 않았다. 공공연하게 사람을 차별하는 이야기도 있었다. 민간 분양동과 임대동이 섞여 있는 아파트를 '소셜 믹스'라고 불렀다. '믹스'라는 이름이 무색하게도 임대동은 다른 동과 외벽 페인트 색이나 구조가 다른 아파트도 있었다. 10층과 11층이 이어지지 않아 임대 세대인 10층 이하 주민들은 불이 났을 때 옥상으로 대피할 수 없는 아파트도 있었다. 분양 세대와 입주 세대는 엘리베이터도 따로 썼다.

빌라에 사는 어린이는 내게 오래된 빌라의 단점을 이야기했다. 층간소음이 심해서 할머니가 몇 번 위층으로 올라갔다고 했다. 아파트에 사는 어린이도 아래층에서 담배 냄새가 올라온다며 불만을 토로했다. 하지만 어른만큼 사는 곳으로 위계를 나누지는 않았다. 어린이들에게 가장 부러운 친구는 학교 가까이 사는 친구였다. 빌라에 사는 친구 집에 놀러 가기도, 아파트 사는 친구 집에 놀러 가기도 했다. 빌라에 사는 어린이가 위축되는 상황이 있긴 했지만 그런 이유로 관계 맺기를 멈추지는 않았다. 그보다는 친구가 어떤 사람인지가 더 중요했다. 어린이들에게 거주지는 그저 거주 방식의 차이였다.

 자산 형성에 관심이 있는 어른들이 쓰는 천박한 표현에 공감할 수 없었다. 재산 증식에 차별은 필수 덕목일까? 몇 단지에 사는지 묻지 않고 사는 곳에 불편함이 있는지 묻는 사회, 얼마나 비싼 집에 사는지가 아니라 얼마나 이웃과 잘 연결되어 있는지 자랑하는 일이 흔한 세상이 될 수는 없을까? 수업 시간에 우리 가족이 반지하에 살 때 빗물을 퍼낸 이야기를 했다. 반지하에 살고 있는 어린이는 격한 공감을 했다. 반지하가 뭐냐고 묻는 어린이도 있었다. 사는 곳을 분류해야 한다면, 그 이유는 자산 가치 때문이 아니라 거주 방식에 따라 겪는 어려움을 알아보려는 의도여야 하지 않을까?

 친구의 집을 보고 차별하는 말을 쓰는 어린이가 있을

수 있다. 하지만 경제적인 영역에서 어린이가 쓰는 차별의 말은 차별하려는 의도가 없거나 약했다. 그 말에 담긴 차별의 논리를 말해주면 수긍하고 사용 빈도를 줄였다. 언젠가 빈곤을 비하하는 말이므로 '거지'라는 표현을 쓰지 말자고 제안했을 때, 어린이들은 바로 수긍했다.

어린이들이 쓰는 차별의 말은 어른들의 눈에 잘 띄었다. 어른들은 '엘사'라는 표현을 쓰는 어린이를 쉽게 비난했고, 자녀를 잘못 가르쳤다며 부모에게도 손가락질했다. 하지만 임대 아파트 거주자를 차별하는 세태를 반성하는 어른은 적었다. 임대 아파트와 빌라 주변에 있는 학교에서 값나가는 아파트가 모여 있는 학교로 자녀를 전학보내는 보호자는 현명한 보호자였지 차별하는 보호자로 불리지는 않았다. 선생님들도 빌라가 많거나 임대 아파트가 있는 학군 안 학교에서 근무하기를 원하지 않았다.

어른들은 차별을 말하며 궁색한 이유를 댔다. 부유한 사람들이 사는 아파트의 어린이들은 인사를 잘한다고 했다. 부유한 집 어린이들은 풍파를 덜 겪어 인성이 좋다고 했다. 이런 차별을 두고 어린이의 몇 마디 말에만 분개하는 어른들이 이상하게 보였다. 어른은 차별을 해도 괜찮고, 어린이는 그러면 안 된다는 말일까? 어린이가 차별로 상처를 주거나 다른 사람을 배제하는 일에는 어른들의 몫이 더 크다. 어린이들이 하는 차별을 비난하기 전에, 어른들의 차별부터 반성해야 한다.

건물주가 꿈이에요

농담인지 진담인지, 건물주가 꿈이라는 어린이들이 있었다. "건물주는 이미 부자인 사람이지 않을까요?" 하고 되묻자 대화는 이어지지 않았다.

  건물주의 삶은 내가 전혀 상상할 수 없는 삶이었다. 유튜브에 '건물주'를 검색하니 건물 관리가 얼마나 어려운지 설명하는 영상이 있었다. 청소하고, 시설을 수리하고, 건물을 이용할 사람을 찾고, 이미 들어와 있는 사람과 협상하는 등 '건물주 노동'도 보통 일은 아니었다. 수억에서 수십억 원에 달하는 대출과 금리 인상으로 인한 재정 부담은 내가 상상하기 힘든 규모의 돈 이야기였다.

뉴스에는 건물 투자로 돈을 번 유명인 소식이 자주 나왔다. 더 이상 다른 경제활동을 하지 않아도 먹고 살 수 있는 규모의 돈을 벌었다는 이야기가 부러웠다. 법인을 만들어 수십억을 대출받아 건물을 매입했다는 보도는 내가 가늠할 수 없는 사람들의 이야기였다.

건물주가 꿈이라는 학생은 건물이 필요한 걸까, 재산이 필요한 걸까? 아마 후자일 것이다. 건물주가 되어서 떵떵거리는 모습을 상상했을 것이다. 자본주의 사회에서 자본을 많이 갖는 일은 나쁜 일도 아니다. 건물주만큼이나 많이 하는 말인 '돈 많은 백수'가 되고 싶다는 말에서 일하지 않고 더 많이 누리고 싶어 하는 어린이들의 마음을 느꼈다. 노동에 가치가 있고, 일하면서 얻을 수 있는 자신만의 지식과 시야가 있다는 말은 낡은 이야기가 되었음을 짐작했다.

학교에서 하는 '꿈' 이야기는 진로 교육이었다. 진로 교육 시간에는 다양한 직업을 알아보았다. 어떤 직업이 유망하고, 어떤 직업이 새로 생겼고, 특정한 직업의 어려움은 무엇인지 알아보기도 했다. 네일아트, 특수분장사, 조향사, 바리스타 등 진로 체험 부스를 운영하는 프로그램을 외부 업체를 불러 진행한 적도 있다. 네일아트 체험은 인조 손톱에 컬러링 패턴을 붙이는 활동을, 특수분장사 체험은 특수 물감을 이용해 팔에 부상 입은 모습 분장을 하는 활동을 했다. 조향사 체험에서는 액체를 섞어 향수를 만들었고, 바리스타 체험에서는 핸드드립 커피를 추출했다.

  어린이들은 체험하며 직업을 알아갔지만, 체험이나 교육에서 빠져 있는 직업들이 보였다. 진로 교육 자료 속에 환경미화원이나 급식 조리 종사원, 일용직 노동자는 등장하지 않았다. 과학자, 유튜버, 제빵사, 파일럿은 다루지만 택시 운전사, 간병인, 택배기사, 배달 라이더는 다루지 않았다. 진로 교육의 일환으로 사회 교과서에는 직업을 다루는 토막글이 있다. 속기사, 마케팅 전문가, 노무사, 국제 통상 전문가, 빅데이터 전문가, 수어 통역사 등이 나왔다. 하지만 돌봄 노동자를 포함해 일상을 돌아가게 하는 다양한 노동자를 다루는 부분은 부족했다.

학교에서는 꿈을 다루는 일을 넘어 돈을 다루는 일도 가르쳤다. 어린이에게 경제 교육을 시켜야 한다는 말과 함께 주식 투자를 가르치거나 '경제 교실'이라는 이름으로 모의 주식 투자를 하는 프로그램을 운영하는 학급도 있었다. '세금 내는 아이들'이라는 콘셉트로 어린이들이 학급 화폐로 돈을 쓰고 저축을 하며 세금도 내는 방식으로 학급을 운영하는 선생님도 있었다. 돈이 일종의 사회적 체력이라면 체력이 약할 수밖에 없는 사람을 생각할 필요가 있는데, 어린이 경제 교육 콘텐츠에는 자산을 어떻게 불리고 지킬지를 다루는 내용들만 있었다. 어린이 주식 투자자는 투자한 기업의 노동자가 파업을 하면 사안을 공평하게 볼 수 있을까? 경매 활동을 게임처럼 느끼는 어린이가 재산이 경매에 넘어가 경제적 위기에 처한 사람의 마음을 헤아릴 수 있을까? '경제적인 인간'은 참사도 위기도 아픔도 경제적으로 해석한다는 편견이 나에게는 있다. 연탄값이 올랐다는 소식에 연탄에 투자하려고 생각하는 사람과 겨울날 생존을 고민하는 사람은 다른 사람이다.

나는 '경제 교육'이라는 이름으로 행해지는 일들이 정말 교육적인지 의구심을 갖고 있다. 하지만 경제 교육 자체는 필요하다고 생각한다. 그래서 '경제 교육'에 들어가지 않는 내용들을 가르쳐야 한다고 생각했다. 수업 시간에 아르바이트생도 주휴수당을 받을 수 있다고 알려주었다. 그 내용을 다시 한 번 말해달라는 어린이가 있었다. 내가 다시 말해주자 내 말을 공책에 받아 적었다. 지금 돈을 벌 수 있는 방법이 있냐는 어린이도, 몇 살부터 부모의 허락 없이 일할 수 있냐고 묻는 어린이도 있었다.

건물주가 되고 싶다는 어린이들이 단순히 어른들을 보고 따라 했다고 생각하지 않았다. 돈을 벌고 싶고, 돈을 많이 벌고 싶다는 욕망이 있다고 이해했다. 나는 돈을 버는 일보다 돈을 버는 방식이 중요하다고 말했다. 내 직업을 예시로 들며, 큰돈을 버는 일도 좋지만 교사는 어린이를 가르치고 돌보므로 사회에 필요한 일이라고 말했다. 돈이라는 결과만 고려하지 않고, 직업의 의미를 생각하길 바랐다. 어떤 일상을 살고 싶은지 물었다. 어린이들은 심드렁했다. 과정의 가치 이야기는 와닿지 않는 이야기였다. 당장 돈을 벌고 싶은 어린이들에게 가치를 이야기하는 일은 나 같은 배부른 어른의 말이었다.

돈을 버는 방식을 고민하자는 말은 일에 어떤 사회적 의미가 있는지 고심하자는 뜻이었다. 특수동물을 돌보는 수의사의 하루를 담은 영상과 야간에 근무하는 소방관을 담은 영상을 보여줬다. 동물들을 이해하려 애쓰는 수의사와 극한 환경에서 사람을 구조하는 소방관의 모습을 보았다. 다른 생명을 구하려 애쓰는 일의 가치를 알아보길 원했다. 급식 조리 종사원의 근무 환경을 다룬 영상도 보았다. 당연하게 생각한 한 끼의 식사가 내 앞에 오기까지 수많은 사람들의 노력이 있음을 각인시키려 했다. 어린이도 돈 문제에서 자유롭기는 어렵지만, 돈의 회로 바깥에서 더 생각할 이야기들이 있다는 점을 짐작하길 바랐다. 어른이 되어 일하며 살아갈 어린이에게 가장 필요한 과제는 일의 사회적 의미를 곱씹는 것이라고 생각했다.

가해자들

학교폭력 '책임교사'를 맡은 적 있다. 학교에서 학교폭력 업무를 처리하는 교사이다. 학교폭력을 교사나 학교에 알리면 정식으로 사안 접수가 된다. 나는 학교폭력이 접수되면 사안을 조사하고 정리하여 교육지원청에 보고하는 업무를 했다.

학교폭력 책임교사를 하며 다양한 어린이와 보호자를 만났다. 우리 애가 무슨 잘못이 있냐는 보호자도, 문제가 생기면 내게 책임을 묻겠다고 엄포 놓는 보호자도 있었다. 어린이들이 학교폭력 사안을 처리하는 행정 절차에 휘말리면서 겪는 어려움도 목격했다. 이미 어린이들 사이에서 끝난 일을 누군가 학교폭력 실태조사에 실수로 입력해 학교폭력 사안 접수로 처리되어 다시 휘말리게 된 일도 보았다. 사안은 오래지 않아 종료되었지만 어린이들에게는 상처가 남았다.

학교폭력 접수, 조사, 보고, 심의, 조치에 이르는 과정에서 '관련 학생'들을 보호하기는 어려웠다. 또래 집단에서 소문이 나고, 보호자들 네트워크에 이야기가 돌았다. 한 행동에 견줘 마주하는 행정 절차가 복잡해 부담감을 느끼는 어린이도 있었다. 게다가 접수된 사안은 쉽게 종결되지 않았다. 당사자끼리 화해해도 양쪽 보호자가 '동의서'에 서명을 하지 않으면 사안은 계속 진행되었다. 화해보다 절차가 우선이었다.

선생님 늦은 시간에 연락 죄송합니다

새벽 한 시에 내 휴대폰에 뜬 메시지 첫 문장이었다. 짜증이 났지만 읽어보았다. 학생이 새벽에 연락하는 일은 불쾌한 일이지만, 그럴 만한 이유가 있을 거라고 생각했다. 중학생이 된 졸업한 제자가 보낸 메시지였다. 초등학생 때 받은 학교폭력 가해 처분이 대학교 입학에 영향을 끼치는지 불안해서 연락했다는 내용이었다. 나이스 대국민서비스와 정부24 사이트에서 확인하려 했는데 실패했다고 한다. 못 찾은 게 당연했다. 내가 생활기록부에 적지 않았기 때문이다.

현장에서 학교폭력 신고가 되어도 '가해자'와 '피해자'는 없다. 모두 '관련 학생'으로 부른다. 섣부른 판단을 막으려는 조치이자, 책임 소재를 회피하려는 행정 호칭이다. 학교폭력 심의가 끝나 처분이 나온 후에야 '가해자'와 '피해자'라는 표현을 쓰는데, 가해자가 받는 처분은 피해 학생에게 사과 편지를 쓰는 1호 조치부터 퇴학에 해당하는 9호 조치까지 있다. 1호(서면 사과), 2호(접촉 금지), 3호(학교 봉사) 조치는 바로 생활기록부에 쓰지는 않고 행정 장부에만 기록한다. 유사한 사안이 또 발생하면 그때 생활기록부에 기록한다. 그래서 1호 처분을 받은 제자는 자신의 '가해 기록'을 찾을 수 없었던 것이다.

많은 사람들이 학교폭력 가해자를 비난하지만, 학교 현장에서 내가 본 가해자들은 다양했다. 새벽에 연락한 제자는 불안해했다. 잘못은 가해자가 했는데 불안하다니 황당할 수도 있다. 이 어린이는 초등학교에 다닐 때도 또 학교폭력으로 신고당할까 봐 스트레스를 받았다. 현장에서 학교폭력 사안은 증거에 입각해 처분하는데, 이 어린이는 표현이 거칠어 여기저기 '증거'를 많이 남겼다. 문제 삼으면 문제가 될 수 있는 부분이 많아 스트레스를 받았다.

학교폭력 처분 중 1호 처분부터 3호 처분을 받은 학생들은 '경미'한 가해자였다. 친구에게 욕을 했거나, 모욕을 했거나, 메신저로 욕설을 해 처분을 받았다. 쌍방으로 한 싸움도 어떤 맥락에서는 학교폭력이 된다. 자료가 없어 반박 증거를 입증하지 못해 가해자가 되기도 한다. 나는 가해자를 두둔하려는 게 아니다. 가해자를 맥락에 따라 다르게 이해할 수 있다는 말이다.

대한민국에서 유일한 학교폭력 피해자 위탁 기관이 있다. 충청북도 영동군에 있는 '해맑음센터'다. 이 센터에서 10년간 일한 선생님을 인터뷰한 적이 있다. 선생님은 학교폭력 가해에 '경미'라는 말을 붙이기 조심스럽다면서도, '경미'한 학교폭력과 범죄에 준하는 학교폭력은 구분할 필요가 있다고 말했다. 범죄성이 약한 학교폭력은 처벌보다는 교육과 회복을 중시하는 접근이 필요하다는 말로 이해했다.

이 관점에서 관심이 갔던 새로운 개념은 '회복적 정의Restorative Justice'였다. 회복적 정의는 피해자의 회복을 우선한다. 가해자와 관련자들이 함께 이야기를 나누는 일부터 시작한다. 언뜻 위험해 보이고 모든 피해에 적용할 수는 없지만, 피해자에게는 납득이 필요하다. 용서나 화해를 위해서가 아니다. 자신이 겪은 일이 교통사고나 떨어지는 운석에 맞는 우연한 일이 아니라 가해자의 그릇된 행동의 결과임을 납득하는 과정이 필요하기 때문이다. 실제 회복적 정의 과정에서 가해자가 반성하지 않거나, 참회하지 않거나, 뉘우치지 않는 일도 있다. 그래서 회복적 정의 프로그램을 운영하는 것은 지난한 일이기도 하다. 하지만 피해자의 전하지 못하는 마음과 말은 계속 남기에, 또한 진정으로 참회를 하려는 가해자는 존재하기에 회복이 목적인 소통이 가능하다는 희망이 있다.

내가 학교폭력 업무를 담당했던 때에 범죄에 연루된 어린이가 있었다. 이 어린이는 수업을 마치고 나와 무거운 이야기를 해야 했다. 시간을 내야 한다고 말하자 어린이는 싫어했다.

"아! 애들이랑 놀기로 했는데."

이 어린이는 '사이코패스'일까? 나는 이 어린이를 가르친 적도, 지켜본 적도 없어서 판단이 어렵다. 설령 내가 가까이서 봤다고 해도 진단은 나의 몫이 아니다. 다만 《케이크를 자르지 못하는 아이들》이라는 책에서 본 대목이 생각났다. 저자 미야구치 코지는 의료 소년원에서 아동을 상담하는 일을 했는데, 상담을 받던 소년과 이런 대화를 나눴다.

> 살인을 저지른 한 소년도 자신이 "착하다"고 대답했다. 그래서 "어떤 부분이 착하지?"라고 물었다.

그랬더니 "어린아이나 노인들에게 친절해요", "친구들에게 착하다는 말을 들었어요"라는 등의 대답을 했다. 짐작되는 부분이 있었다. 그래서 다음으로 "네가 〇〇을 해서 사람이 죽었어. 이건 살인이야. 그래도 네가 착한 사람이니?"라고 물어보면 그때야 처음으로 "아… 착하지 않네요"라고 대답한다.

나도 "착하지 않네요"라는 말을 듣는 기분이었다. 자신이 저지른 일과 그 결과를 이해하지 못한다고 생각했다. 인지 기능 때문이든 발달 속도 때문이든 가해 행위를 객관적으로 조망하지 못하는 어린이가 있었다. 나는 자신이 한 행동의 의미를 다르게 이해하는 어린이들을 종종 봤다. 샤프로 친구의 등을 찌르는 일이 왜 괴롭힘인지 이해하지 못하는 어린이, 수업 중에 참지 못하고 욕을 크게 하는 어린이도 있었다. 자신을 착하다고 말한 책 속 청소년처럼, 세상일을 다른 사람들과 같은 방식으로 이해할 수 있는 능력이 없는 어린이도 있었다. 《케이크를 자르지 못하는 아이들》에는 케이크를 삼등분하기 어려워하는 사람들이 나온다. 케이크를 자르는 일은 '인지 기능'과 관련이 있었다. 코지는 케이크를 자르지 못하는 청소년들에게 어떻게 가닿을 수 있는지 고민했다.

> 잘못된 행동에 대한 반성과 피해자의 마음을 헤아려보게 하는 지금까지의 교정 교육을 시행해봤자 대부분 한쪽 귀로 듣고 한쪽 귀로 흘려버릴 것임을 쉽게 상상할 수 있었다. 저지른 범죄에 대한 반성 이전의 문제인 것이다. 게다가 이렇게 케이크를 제대로 나눌 수 없는 소년들이 지금까지 얼마나 많은 좌절을 경험했을지, 사회에서 얼마나 힘들게 살았을지도 알 수 있었다.

가해자의 몸은 심해처럼 깜깜했다. 어떤 가해자는 정말로 몰랐고, 어떤 가해자는 정말로 잘 알았다. 어떤 사람들은 가해자를 이해하려는 일을 "가해자에게 서사를 준다"며 가해자를 합리화하는 일로 여겼다. 가해자를 이해하는 일은 가해자에게 서사를 주는 일일까?

철학자 한나 아렌트는 나치 전범 아돌프 아이히만의 재판을 보고 깊게 생각하지 않는 게으른 악의 모습을 묘사했다. 르포 작가 이시이 고타가 쓴 《스위트 홈》도 깊이 고민할 주제를 남긴다. 고타는 아동 학대 가해자를 취재하며 가해자의 마음을 읽으려 했다. 자녀를 죽게 한 가해 부모를 취재하며 고타는 한 사람의 가해 행위에 숨겨진 사회의 그림자를 포착했다. 애착 관계를 쌓지 못한 자녀, 학대당한 자녀, 피해자였던 자녀. 가난과 방임, 빈곤과 범죄를 통과한 자녀들이 가해 부모가 되었다.

나는 살면서 평범한 가해자들을 많이 지켜봤다. 내가 초등학생 시절 천진한 또래들은 담임 선생님이 사라지면 표정을 바꾸며 거칠어졌다. 장난이라며 다른 어린이의 몸을 쳤고 급식 줄을 서며 어떤 어린이를 일부러 줄 밖으로 밀쳤다. 장난이 아니었다. 그들의 폭력은 진지했고 누구보다 권력을 잘 이해하고 있는 사람이 하는 행동이었다. 당하는 대상은 늘 또래에서 지위가 낮은 어린이였다. 중학생 때는 다른 사람의 약점을 잡고 휘두르며 가슴 졸이는 상대방을 보며 쾌락을 얻는 청소년도, 자신의 지위를 의심하지 않는 '싸움 1짱'도 있었다. 고등학생 때는 생활밀착형 가해자들이 있었다. 알량한 권력을 발휘해 뺏은 돈으로 피시방에 가거나 불량 식품을 사 먹었다. 천 원보다 괴롭힘을 전시하는 게 더 필요한 사람들이었다. 군대에서는 부조리를 지시하며 "원래 그렇다"며 관습을 말하는 선임 병사도 있었다. 자신의 폭력을 너무 잘 알아서 회피하려는 마음이 읽혔다. 피해자를 너무나 완벽하게 괴롭혀서 증거 하나 남기지 않는 어린이도 만난 적 있다.

가해와 가해자를 이해하는 일은 너무도 어려운 일이다. 하지만 단순한 도덕적 단죄로는 해소할 수 없는 가해와 가해자들의 맥락이 있다는 걸 살면서 체감했다. 내 이런 체감은 가해를 합리화하는 일일까? 가해에 더 가까이 가려는 시도일까? 우리는 정말 가해를 이해하고 있을까? 가해를 이해할 여러 방법이 있을까?

학교폭력을 이해하려면 학교폭력을 더 깊이 바라봐야 한다. 악하고 나쁜 어린이를 비난하기 전에 피해자에게 어떤 도움을 줄 수 있는지, 가해자에게 어떤 대안과 교육을 제시할 수 있을지 고심해야 한다. 교육청과 학교는 법적 책임을 피하려고 관료적 행정 절차를 밟으며 조심한다. 매뉴얼과 법령에 입각해 학교폭력에 접근한다. 안전한 방식이지만 변화를 불러올 수 있는지는 미지수다. 나는 가해자들이 더 드러나야 한다고 생각했다. 평범한 악부터 사악한 악까지 가해자의 스펙트럼은 넓지만, 이 스펙트럼을 이해할 대본이 너무 적기 때문이다. 나는 가해를 이해하는 방식, 가해를 묘사하는 대본이 다양하길 바란다. 그래야 가해자를 읽는 문해력이 향상되리라 믿기 때문이다. 나는 어린이를 악마화하지 않고 가해하는 실제 어린이를 말하려 했다. 어린이가 벌이는 폭력에 잘 대처하려면, 어린이가 관여하고 연루되는 폭력을 더 잘 이해하려면 실제로 존재하는 나쁜 어린이들의 이야기가 더욱 필요하다. 나쁜 어린이에 대한 더 많은 이야기, 새로운 이야기가 어린이들과 어른들을 평화에 가까운 쪽으로 데려간다고 믿는다.

다른 세계를 상상하기

"너 자꾸 그러면 스위프트 남친."

"아, 뭐래."

이 대화는 남자 어린이들끼리 여자 어린이를 언급하며 상대를 놀리는 대화다. 단순한 놀림은 아니었다. 내가 아는 스위프트는 운동을 잘하고, 팔씨름으로 남학생을 이길 정도로 힘이 세며, 춤을 잘 춘다. 남성 어린이들이 스위프트를 입에 담는 이유는 스위프트가 '과체중'이기 때문이다(정황상 나는 그렇다고 판단했다). 다양한 맥락을 고려해 좀처럼 다른 사람의 말을 쉽게 판단하지 않으려 하지만, 이런 말들은 맥락과 상관없이 화가 난다. 이런 말은 또래 남성 어린이들에게 일종의 밈처럼 쓰였다. 여성혐오와 비만혐오가 보였다. 단지 어떤 몸이라는 이유로 누군가의 이름을 비하하는 단어로 선택해 유통하는 폭력이었다.

스위프트의 이름을 모욕 표현으로 사용하는 어린이들에게 매번 주의를 주었다. 따로 불러서 자주 이야기했고, 복도에서 비슷한 말을 하는 다른 반 어린이에게도 주의를 주었다. 하지만 '스위프트'라는 언급은 어린이들의 인스타그램 댓글에도 있었다. 인스타그램까지 찾아본 내가 끈질긴 걸까? 아니면 그 의미를 잘 알고 있음에도 누군가를 비하하는 일에 참여하는 사람이 끈질긴 걸까?

혐오의 문제를 마주칠 때 가장 어려운 점은 혐오가 관계 속에서 벌어진다는 점이다. 몸이나 성에 대해 혐오적인 말을 하는 어린이는 이상한 문화를 수동적으로 학습한 학습자가 아니라 주체였다. 지금은 덜하지만 한창 '기모띠'라는 표현이 유행했었다. '기모띠'라는 말은 일본어로 기분이 좋다는 뜻인 '기모치 이이きもちいい'의 한

국어 발음이다. 하지만 '기모띠'는 사전적 의미가 아니라 불법 성인물을 연상시키는 밈이다. 사용하지 않길 권했지만 일부 남학생들은 계속 썼다. 급식실로 이동하며, 쉬는 시간에 뛰어다니며 썼다. 혼잣말이 아니라 누군가 듣길 바라며 쓰는 것으로 보였다.

장애가 있거나 병이 있는 몸. '과체중'이거나 너무 마른 몸. 모두 다양한 몸 중 하나이며 더 값지거나 덜 값진 몸은 없다고 가르쳤다. 하지만 또래의 논리에 윤리가 들어갈 여지는 적었다. 또래 압력은 고학년 때 더 강해진다. 고학년들은 또래 언어를 습득하고 재생산했다. 나는 또래 관계에서 외부자라 조심스러웠다. 스위프트는 주목받는 일이나 언급되는 일을 꺼렸다. 또래 관계 속에서 생활하는 스위프트와 밖에서 윤리적인 말을 마음껏 할 수 있는 나는 입장이 달랐다.

"기분이 나쁘긴 한데 그렇게까지 나쁜 건 아니에요."

스위프트를 언급하는 말들이 문제가 있다고 느껴 스위프트에게 어떤지 물었더니 스위프트는 대수롭지 않게 답했다. 스위프트를 언급하는 어린이들에게 내가 강

경할 수 있는 이유는 내 일이 아니기 때문일까? 누군가는 스위프트의 태도가 그런 폭력을 방관하고 유지시킨다고 말할 수 있겠지만, 스위프트는 죄가 없다. 무지건 권력 행사건 혐오는 말하는 사람의 잘못이다. 그렇다면 스위프트와 스위프트를 언급한 어린이들을 피해자와 가해자로 봐야 할까? 혐오 발언을 하는 어린이들이 그저 SNS와 각종 숏폼 동영상에 찌들었기 때문이라고 책임을 경감해야 할까?

학생들끼리 갈등이 발생하면 학교에서는 '학교폭력인가? 학교폭력이 아닌가?'를 우선 따진다. 마치 알고리즘 순서도처럼 'YES or NO'로 화살표를 따라간다. 문제 상황을 알아본 선생님이 교육을 하거나 대화로 중재한다. 형사 사건처럼 조사하고 절차에 따라 처분 수위를 정한다. 하지만 내가 목격한 관계들은 교육과 상담을 빗겨갔다. 학교폭력은 증거가 있을 때도 솜방망이 처분이 내려졌고, 캠페인에 가까운 폭력 예방 교육은 아는 내용을 무의미하게 덧칠할 뿐이었다. 중재를 해도 유사한 일은 재발했다.

내가 고심했던 부분은, 나쁘다는 걸 알면서도 나쁜 말과 행동을 하는 어린이가 있다는 점이다. 더는 가르칠 게 없는데 무엇을 해야 할까? 피해 당사자가 분명한 조치를 원하지 않으면 어떻게 해야 할까? 나는 혐오를 방관하고 배양하는 걸까?

외모와 몸을 평가하며 겉모습으로 사람의 가치를 판단하는 일은 교실 밖에서도 흔했다. 교실은 '작은 사회'가 아니고 그냥 사회라서 사회의 기준이 드나들었고 때론 넘치게 흘러들었다. 결국은 외부자가 아니라 선량한 내부자가 개입해 사회를 바꾸는 일이 필요했다. 또래 집단에 '아니'라고 말할 수 있는 사람이 필요했다.

"남자애들이 싫어해서 좀……."

스위프트를 향한 놀림에 단호하게 대응하기를 요청하면 여학생들은 남학생들의 눈치를 봤다. 또래 집단에서 인기 있는 남학생들과 어울리는 여학생들은 남학생들이 자신을 배척하는지, 일명 '손절'하는지를 중요하게 생각했다. 스위프트의 우군은 적었다.

하지만 내가 예상하지 못한 변수는 다른 반에 있었다.

스위프트의 친구 룩셈부르크는 독립적인 어린이였다.

"그건 걔네들이 이상한 거 아닌가요?"

룩셈부르크와 어쩌다 나눈 대화 중 들은 말이다. 또래 남성 집단에게 은근히 배척당하는 스위프트와 친한 룩셈부르크는 흔히 말하는 '인싸' 타입이다. 하지만 미디어도, 또래 압력도 룩셈부르크에게 영향을 끼치지 못했다. 스위프트와 룩셈부르크는 함께 하교했고, 룩셈부르크는 스위프트에게 함부로 대하는 사람에게 따끔하게 말했다.

혐오를 통과해 다음 단계로 나아가려면 몇 사람이 필요할까? 사회 구조와 만연한 혐오가 문제라고 말할 수는 있다. 틀린 말은 아니지만 당장 필요한 말도, 지금 상황에 도움이 되는 말도 아니었다. 나를 아프게 하는, 내 몸이 틀렸다고 말하는 세계를 넘어서려면 다른 세계가 필요했다. 그리고 그 세계는 사람에게서 왔다. 사람이 있어서 난관을 통과할 수 있다는 생각을 했다.

어린이들은 자주 '손절'이라는 말을 썼지만, '손절'할 수 없는 관계와 공간이 있다. 벗어날 수 없는 세계에서 어떻게 다른 세계를 상상할 수 있을까? 사람이 있으면 상상할 수 있다. 다르게 생각하는 사람이 필요했다. 다르게 생각하는 사람이 되어 누군가의 곁에 있어 주는 일이 절실했다. 그 희망으로 나는 교실에서 어린이들에게 소신을 갖기를, 차별과 배제를 마주할 때 적어도 몇 번은 단호히 반대하는 마음을 드러내기를 요청했다. 그건 가르침이기도 했고 스스로 하는 다짐이기도 했다.

3

어린이와 연루되기

연루된 몸들

"아프냐? 나도 아프다."

오래전에 방송한 드라마 〈다모〉에 나온 대사다. 명대사라 많은 사람들의 입에서 유통되었다. 이 대사가 나에게는 진실이었다. 어린이가 아프면 정말 나도 아팠기 때문이다. 교실에 독감과 감기가 유행하면 나도 독감과 감기에 걸렸다. 첫째 줄에 앉은 어린이가 아프면 내가 다음으로 아팠다. 누군가가 아프면 나뿐 아니라 다른 어린이들도 아파서 교실의 절반이 감기 증세로 안 나온 적도 있다. 내가 아플 때 생각한 것은 몸들은 연루되어 있다는 사실이었다. 내 몸과 어린이들의 몸은 바이러스를 주고받았다. 보이지 않는 통로가 있는 듯이.

코로나19 팬데믹 시기에는 바이러스가 순차적으로 퍼졌다. 맨 뒤에 앉은 어린이가 코로나에 확진되자 앞, 대각선, 오른쪽에 가까이 있는 어린이가 확진됐다. 며칠 뒤에 확진자는 더 늘었다. 마스크를 아무리 잘 써도 바이러스에 감염됐다. 바이러스는 우리의 몸이 연루되어 있다는 사실을 증명했다. 나는 어떻게든 코로나에 걸리지 않으려 노력했다. 마스크를 절대 벗지 않았고 사람 많은 곳에 가지 않았다. 어린이들에게 바이러스를 전파하고 싶지 않았고, 내가 없는 교실도 염려되었기 때문이다. 그러나 "저는 절대 안 걸릴 겁니다, 걸려도 가장 최후에 걸리는 사람이 될 겁니다"라던 내 장담이 무색하게 나도 코로나 바이러스에 확진됐다.

어디서 걸렸고 누구에게 옮았는지 알 수 없는 코로나 바이러스처럼 다른 사람이 내 안으로 들어오는 일은 내가 막을 수도 피할 수도 없는 일이었다. 우리의 연루는 몸뿐 아니라 말에서도 이어졌다. 수업 중 문답을 하면 내가 쓴 표현을 어린이가 썼고, 어린이가 쓴 표현을 내가 썼다.

"요즘 동물을 비인간 동물, 사람을 인간 동물이라고 한다네요."

"이상해요."

"그렇게 생각하는 사람이 있다는 거죠."

"그렇게 안 생각하는 사람도 있겠죠."

"이런 생각을 하는 이유도 있겠죠."

대화라는 행위는 머릿속에 있는 말들을 각자 꺼내는 일이 아니었다. 말하며 서로의 표현을 들었고, 생각했고, 바꿔서 사용했다. 우리의 대화는 점점 닮아갔다. 극작가 안톤 체호프는 "1막에 권총이 등장했다면 3막에서는 쏴야 한다"고 했다. 우리는 대화를 하며 나온 단어들을 권총처럼 언젠가는 쐈다. 내가 심어놓은 단어들이 쉬는 시간에 어린이들 사이에서 들리기도 했다. 나는 어린이들의 기억력과 주의력에 감탄했다. 어린이들은 내가 한 말을 잘 기억했고 적절하게 써먹었다.

속담을 다루는 국어 시간에 '바늘 도둑이 소도둑 된

다'는 문장이 있었다. 어린이들이 속담의 뜻을 잘 이해하지 못해서 작은 도둑질을 하다가 더 큰 도둑질을 하게 된다는 뜻이라고 풀어 설명해줬다.

"선생님은 착하게만 살아서 나쁜 짓을 하는 마음은 잘 모르네요. 후훗."

"지난번에 어렸을 때 문구점에서 팽이를 훔쳐봤다면서요!"

어린이들은 내 일화를 안 듣는 듯 하면서도 잘 기억했다. 수업 내용보다도 내 이야기를 더 잘 기억했다. 어린이들이 수업을 지루해할 때 분위기를 환기하려 과거 이야기를 했었다. 어렸을 때, 친구들과 당시 유행한 '탑블레이드' 팽이 장난감을 훔쳤다는 이야기였다. 문방구 문 밖에 걸려있는 상자를 들고 도망가다 붙잡혀 변상을 했었다. 어린이들은 내가 지나가듯 한 이야기를 기억했다가, 내가 모순적인 말을 하자 바로 지적했다. 장전되어 있던 말이 문답 속에서 격발되었다.

나는 퇴근을 하고도 교실에서 했던 말들이 적절했는지 수시로 곱씹었다. 거리를 걷다가 내가 아는 어린이와 닮은 어린이를 보면 흠칫 놀랐다. 어린이에 관한 일로 늦은 시간에 보호자와 연락을 주고받기도 했다. 내가 수업 시간에 좋다고 말한 책을 학교 도서관에서 빌려 읽는 어린이를 보았다. 내가 싫어한다고 한 밈을 꺼내려다 고쳐 말하는 어린이도 있었다. 단순히 교사와 학생의 만남을 넘어 연루된 관계라 가능한 주고받음이었다. '연루'라는 낱말에는 묶는다는 뜻인 '묶을 루累'가 포함되어 있다. 관계로 묶여 있는 나와 어린이들은 바이러스뿐 아니라 말과 생각도 주고받았다. 이 주고받기는 교실에서 끝나지 않고 각자의 삶까지 이어졌다.

아이와 어린이

교사가 자신이 맡은 학생들을 지칭할 때 적절한 호칭은 무엇일까? 경험상 선생님들은 어린이들을 '아이들', '애들'이라고 불렀다. 초등교사 커뮤니티에는 이런 글이 올라왔다.

"애들이 운동장에서 짐승 소리 내면서 울부짖어요. 주말에 뭘 한 거니……."

"애들 간식으로 뭘 사놓아야 잘 샀다고 소문이 날까요?"

"애나 어른이나"라는 표현으로 보건대, '애'의 반대말은 '어른'이다. '아이'는 나이가 어린 사람이라는 뜻,

'어른'은 다 자란 사람이라는 뜻이다. 하지만 나는 어린이를 '아이'가 아니라 '학생'으로 대했다. 나는 '어른'이 아닌 '교사'로서 교실에 있기 때문이다. 사회적인 용법으로도 '어른'은 윗사람이나 존경받는 사람을 부를 때 쓰는 표현이고 '아이'는 보다 젊은 사람을 낮잡아 부르는 표현이다. 나는 나이 위계가 드러나는 표현을 안 쓰려고 일부러 어린이들을 '학생'으로 불렀다.

"선생님, '학생'은 너무 딱딱해요."

"다른 쌤처럼 그냥 반말로 불러도 돼요."

내가 '학생'이라고 부르면 어떤 어린이들은 거리를 둔다고 여긴다. 그러면 서로 이름을 부르면 될까? 어린이들이 나를 '유신'이라 부르면 우리의 거리가 좁아질까? 한국 정서에는 맞지 않는 과격한 생각일까?

호칭은 관계에서 중요하다. 모 지역의 혁신학교에서는 선생님과 어린이가 서로에게 평어를 썼다. 어린이들의 어려움을 고려해 선생님은 별칭을 사용했다. 평어는 반말과 다른데, 대안학교에서 학생들을 가르치며 평어 사용을 시도한 이성민이 쓴 책 《말 놓은 용기》에서는 평어를 "이름 호칭과 반말로 이루어진 새로운 한국어"라 소개한다.

"마루! 오늘 수학 뭐 해?"

"세은! 원의 넓이를 알아보는 방법을 배울 거야."

교사 '마루'와 학생 '세은'이 평어로 대화하는 모습을 보았다. 민주적이고 평화적이지만, 일상의 교실에서는 보기 어려운 장면이다.

어린이들을 '애들'이라고 부르면 '어른'의 입장에서 말하게 된다. 애들을 평가하며 애들의 미숙함을 말하게 된다. 하지만 어린이를 '학생'으로 부르면 교육의 맥락으로 대할 수 있다. '아이'는 어린 사람이지만, '학생'은 배우는 사람이다. 나는 나이에 따른 호칭과 그런 호칭을 쓰면서 젖게 되는 연령주의 사고방식에 거부감이 있고, 내 생각을 동료 교사들에게 종종 이야기하며 혼자 '어린이를 아이라고 부르지 않기 운동'을 성실히 수행 중이다. 내가 학생이라고 부르는 일이 기억에 남았는지, 어린이들은 나를 흉내 낼 때면 꼭 "○○ 학생~" 하며 이름 뒤에 '학생'을 붙여 부르는 내 모습을 재연했다.

경력이 많은 선배 교사는 이해하지 못하지만, 나는 가끔 어린이들과 평어를 쓰는 '야자 타임'을 가지기도 한다. 그렇다고 해도 대놓고 편하게 말하는 어린이는 없었다.

"유신, 학생이라고 안 부르면 안 돼?"

"유신, 지난번에 했던 초능력 피구가 재미있었어."

평어를 쓰면 어린이들은 솔직하게 말했다. 나는 구성원들이 평어의 개념을 이해하고 서로 평어를 쓰는 반을 원하지만, 아직은 너무 급진적인 방식이라 '야자 타임'을 갖는 일로 만족한다. 일상에서 나는 어린이에게 높임말을 썼다. 오는 말이 높임말이니 가는 말도 높임말이어야 한다는 논리였다. 하지만 높임말은 관계의 벽을 쌓는 일이기도 했다. 평소에 나는 "합시다", "해요", "하겠습니다"로 말을 마친다. 내 말을 듣던 어린이들은 내 말투가 딱딱하다고 했다. 높임말이 주는 딱딱함에 거리감을 느끼는 어린이들이 있었다.

어린이들이 선생님을 부르는 방식도 생각해 볼 만한 주제다. 나는 "오쌤", "선생님", "담임쌤", "3반 쌤",

"체육쌤"으로 불렸다. '쌤'이나 선생'님'이나 모두 위계를 품고 있는 호칭이다. 평어를 쓰는 관계라면 이름이나 별명을 써 상호 평등한 호칭이 가능하다. 선생님의 반대말은 '학생'이 아니라 '학생님'이어야 하지 않을까? 학생들 이름에 '님'을 붙여 부르는 선배 교사도 있었다. 자신에게 반말을 쓰도록 제안해 학생들과 서로 반말을 사용하는 고등학교 교사의 사례도 기사에서 보았다. 호칭도 관계의 일이라 새로운 호칭을 실험하는 사람들이 여기저기 있었다.

나는 누구나 갖고 있는 '선생님'이라는 호칭이 아니라 고유한 내 이름으로 불리길 바랐다. 선생님은 너무 많다. 복도를 거닐다 누군가 '선생님'을 부르면 나는 뒤돌아본다. 내 동료들도 그렇다. 하지만 내 이름은 나를 아는 친밀한 사람들이 주로 부른다. 직책이 아니라 이름을 부르는 일은 상대방의 개별성에 말을 거는 일이었다. 그래서 나는 어린이들을 이름으로 부르려고 겨울 방학 때 이름을 모두 외웠다. 영어 단어를 외우듯 버스에서 외우고, 잘 외웠나 출석번호 역순으로도 읊조려봤다. 이름과 얼굴을 일치시키려면 오래 걸리지만, 첫날부터 최대한 많은 이름을 불러보려 했다. 이름에 더해 어린이에게 말을 걸 때는 어린이를 존중한다는 의미에서 높임 표현을 썼고, '애들'이 아니라 '학생'으로 교실에 있으므로 이름에 '학생'을 붙여 불렀다.

어린이를 어떻게 부르는지, 어린이에게 어떻게 말을 거는지는 어린이를 어떻게 생각하는지와 연결되어 있다. 어린이들은 내가 쓰는 표현을 딱딱하게 여겼지만, 나는 이 딱딱함이 주는 단단함이 마음에 들었다. 내가 어린이들을 나이 어린 사람으로 여기는 게 아니라 수업을 듣는 시민으로 여긴다는 단단한 메시지를 전하고 싶었다. 수업도 공적인 서비스라는 면에서 '민원인'을 존중할 필요가 있다. 또한 연령주의를 경계하는 내 모습을 보고 어린이들이 나이로 사람을 판단하는 일을 다르게 생각하기를 바랐다.

서로에게 스며들기

교사가 되고는, 나를 진지하게 바라보는 어린이들의 눈빛이 너무 좋아서 행복했다. 교사라는 자리가 가능하게 한 혜택이었다. 어린이들은 나를 보며 내 말투와 표현을 익혔다. 나도 어린이들을 지켜보며 개별적인 어린이들을 알아갔다. 우리는 서로에게 스며들었다. 자주 경험하면서도 매번 놀라는 순간은 어린이들이 나와 같은 언어와 억양을 쓸 때다.

나는 성격이 급하다. 머리에서 달려가는 생각을 말로 옮기느라 말도 빠르다. 아메리카 선주민이 말을 타고 달리다가 영혼도 함께 왔는지 살피려고 멈추어 뒤를 돌아보듯, 나도 말을 멈출 때가 있다. 그러다 할 말을 잊어서 "아…… 그…… 뭐냐 저……" 같은 군소리를 자주 했다. 1학기가 시작하고 얼마 안 가 어린이들이 "아…… 그…… 저…… 뭐냐" 같은 말을 쓰기 시작했다. 내가 어린이들에게 옮은 것일까 생각했지만 다른 선생님들은 그런 말을 들어본 적이 없다고 했다.

나는 어린이들에게 말버릇처럼 미안하다고 했다. 사과할 일은 적었지만, 교사로서 학생에게 무언가를 요구하는 일이 어렵게 느껴졌다.

"여러분, 미안한데요. 10분만 더 문제를 풀어볼까요?"

"진짜 미안한데 비가 와서 체육 운동장 못 나가게 되었어요."

새내기 교사 시절, 내 수업을 참관한 고경력 선배 교사는 너무 저자세인 말투라며 고치길 권유했다. 하지만 나는 고치지 않았다. 어색한 농담을 하고 나서 미안하다고 했고, 급식을 먹을 때 남은 음식이 적어 원하는 만큼 더 주지 못할 때도 미안하다고 했다. 내가 한 "미안하다"는 말을 길게 풀어쓰면, "여러분의 마음은 알지만 그걸 충족하기 어려운 상황이라서 미안"한 마음에 가까웠다. 어린이들은 그런 나의 속마음을 잘 알아들었다. 어느새 어린이들은 "미안한데"로 대화를 시작하고 있었다.

체육 수업이 끝나면 어린이들이 흘리고 간 물병과 외투를 한아름 들고 올라오곤 했다. 교실 밖에서 미술 수업을 하면 어린이들이 놓고 간 필통을 챙겼다. 나는 가장 나중에 교실에 들어가는 사람이었고 가장 마지막까지 신경 쓰며 '인지 노동'*을 하는 사람이었다. 주변을 살피고 신경 쓰는 인지 노동은 전염성이 있었다. 내가 어린이들이 흘린 옷을 챙기니 어린이들은 과학실에 친구가 두고 간 옷가지를 들고 와서 주인을 찾아주었다. "이거 주인?"이라 묻는 어린이의 목소리에서 내 말투가 겹쳐 들렸다.

---

* 주로 여성이 가정이나 관계에서 수행하는, 눈에 보이지 않는 정신적 작업. 가정이나 관계를 경영하고 유지할 때 미래를 예측하거나 결정을 내리거나 상황을 관찰하는 등의 정신적 노동을 의미한다. 예를 들어, 엄마와 아빠가 함께 자녀를 돌봐도 엄마는 아빠가 확인하지 않는 정보인 자녀가 신발을 제대로 신었는지, 양말을 짝을 맞춰 신었는지 등을 신경 쓴다.

어린이들은 때로는 나를 반성하게 했다. 담임 교사를 할 때는 전담 수업이 절실했다. 전담 수업 시간에는 어린이들이 다른 선생님이 있는 특별실로 가기에, 교실에서 한숨을 돌리며 다음 수업을 준비할 수 있기 때문이다. 나는 종종 오늘은 전담 수업이 있는지 없는지를 어린이들에게 말했다. 어린이들은 수업을 덜 하는 것을 좋아하는 내 모습을 기억했다. 어느 날, 아침에 시간표를 보고 어떤 어린이가 이렇게 말하는 것을 들었다.

"아, 오늘 전담 수업이 하나도 없네."

어린이에게는 전담 수업이 있거나 없거나 수업 시간은 늘 동일하다. 푸념하듯 뱉은 내 말이 어린이에게 들어가 어린이의 입에서 나왔다. 어린이들은 종종 내가 할 법한 말을 했다. 웃겼지만 조금은 서늘했다. 말을 고른다고 골랐지만 새어나가는 말이 있음을 알았다.

내 말이 어린이들에게 스며들듯이, 나도 어린이들이 한 말을 자기 전에, 버스에서, 밥 먹으며 되새김질했다. 어린이들의 말을 듣고 삶에서 따라가 보기도 했다. 어린이들이 좋다고 하는 음악과 연예인을 찾아보게 되었다.

버추얼 아이돌인 '이세계 아이돌'의 유튜브 채널에 들어가 노래를 들어보고 멤버들의 영상을 봤다. 아이돌 그룹 'NCT 127'과 'NCT 드림'의 차이를 '시즈니(NCT 팬덤의 애칭)'인 어린이의 열띤 강의를 듣고 알게 되었다. 탕후루가 맛있다는 말을 듣고 집 근처에 탕후루 가게가 생겼을 때 어린이들이 좋아하는 딸기 탕후루를 사 먹었다.

  교사들은 말한다. 어린이들은 담임을 닮는다고. 내가 맡은 어린이들은 내 말투와 내 행동, 심지어는 내 옷차림을 닮아갔다. 내가 볼캡을 쓰고 오면 볼캡을 쓰는 어린이가 늘었고, 버킷햇(벙거지 모자)을 쓰고 오면 어린이들도 어디선가 구해온 버킷햇을 썼다. 어린이들이 만드는 프레젠테이션 자료에도 내 말투가 녹아 있는 걸 보면 가르치는 일에 대해 거듭 생각하게 된다. 매년 나를 조금씩 닮아가는 어린이들이 재미있다고 동료 교사에게 말했다. 내 말을 들은 동료 교사는 그런 일이 잦다며, "그래서 애들 앞에서는 냉수도 못 마시는 거예요, 원래!"라고 대꾸했다.

유머의 기술

유머는 내게 분필만큼이나 유용한 도구다. 유머는 맥락적이라서 상황을 아는 사람들에게 몇 마디로도 공감대를 끌어낼 수 있어서 좋다. 나는 상황에 안 맞는 말을 자주 한다. 의외의 웃음을 유발하기도, 당황스럽다는 시선을 마주하기도 했다. 어린이들 앞에서는 내 어긋난 감각이 분위기를 바꾸는 무기가 되었다.

"눈싸움 하고 싶어요? 지금 눈싸움이나 할까요?"

눈 내리는 겨울에 내가 이렇게 말하면 어린이들은 열광했다.

"네!"

"역시 우리 쌤!"

그러면 나는 눈을 크게 뜨고 어린이들을 본다. 어린이들은 처음에는 어리둥절해한다.

"먼저 눈 감으면 지는 겁니다."

"아……."

내가 말한 눈싸움은 하얀 눈을 던지는 놀이가 아니라 눈을 부릅뜨고 바라보다 눈을 먼저 깜빡이면 지는 놀이였다. 이런 유머는 애정 어린 반발을 불러온다. 이렇게 장난을 치는 이유는 어린이들이 눈을 던지며 놀고 싶어 한다는 걸 잘 알기 때문이다. 어린이들은 수업이 아닌 일에 더 관심이 많았다. 수업으로 관심을 돌리는 것도 내 몫이지만, 어린이들의 욕구를 잘 이해하는 일도 나의 몫이었다. 내가 장난을 치면 어린이들은 재미있어했다. 진짜로 화가 난 어린이들은 없었다.

"장갑도 없고, 오늘은 수업을 해야 하니까 내일 하죠. 따뜻한 외투로 중무장하고 장갑 꼭 챙겨오세요! 눈싸움은 좀 그렇고, 눈사람이나 만들죠!"

어린이들은 역시 좋아했다. 뽀로로보다 노는 걸 좋아

하는 어린이들이다.

"여러분 뽀로로예요? 왜 그렇게 노는 걸 좋아해요?"

"뽀로로는 놀아도 의대 갔대요, 히히."

우리 반에서는 내가 먼저 장난을 치고 유머를 구사했다. 때로는 분위기를 녹이려고, 때로는 훈육의 기술로. 급식을 먹은 다음에 맞는 5교시나 지루한 교과 수업을 할 때면 어린이들은 답답해했다. 느리게 흐르는 시계를 보거나 교과서에 낙서를 하기도 했다. 유머가 필요한 분위기를 감지하면 나는 허튼소리나 농담을 했다. 유머는 생각보다 효과가 컸다. 어린이들의 눈이 모두 나를 쳐다보고 있다는 느낌이 바로 들었다. 어린이들은 수업 내용보다 내가 한 말과 웃은 순간을 오래 기억했다.

나는 훈육할 때도 유머를 사용했다. 복도에서 가볍게 달리는 어린이들에게 장난스러운 말투로 물었다.

"신성한 학교에서 뛰어도 되나요?"

대번에 장난임을 파악한 어린이들은 웃음을 머금고 "아니요!"라고 군인처럼 우렁차게 답했다. 과제를 안 한 학생들이 있을 때도 장난스럽게 접근했다.

"설마 수학익힘책 숙제 안 한 사람 없죠? 없겠죠? 믿겠습니다. 점검은 내일 이 시간에 할게요. 호옥시~ 만약에~ 안 한 사람 있으면 내일까지는 합시다!"

나는 "호옥시"와 "만약에"를 길게 늘어뜨렸다. 수학 익힘책 숙제는 분량이 적어 시간이 조금 주어진다면 해결할 수 있기 때문이다. 점검을 내일로 미루며 못 한 과제를 할 수 있도록 시간 여유를 주었다.

어린이들이 종종 하는 말 중 "장난으로 혼내면 좋겠다"라는 표현이 있다. 혼나도 좋지만 무섭게 혼내지 않길 바라는 마음이다. 처음에는 이해하지 못했는데, 어린이가 선생님께 지적당하는 일은 감정적으로 소모되고 때론 모욕으로 느낄 수 있으니 부드럽게 지적해달라는 말이었다. 복도에서 달리는 어린이에게도, 수학 익힘책 문제를 다 풀지 못한 어린이들에게도 불편하지 않게 다가가는 방식이 더 유용했다.

"역시 제 수업이 감동적이긴 한가 봐요! 눈물까지 흘리네요."

점심을 먹고 나서 시작한 사회 수업. 거센 하품들이

쏟아졌을 때 한 말이다. 어린이들은 웃었다. 가장 크게 하품을 하는 어린이에게 "와, 진짜 큰 감동을 받았나 봐요!"라며 한 방을 더 날렸다. 어린이들은 내 말뜻을 알아들어 웃음기를 품고 수업에 집중했다. 어린이들의 행동을 바꾸길 원한다면 마음을 울려야 했다. 어린이들은 마음이 다치지 않는 방식을 원했다. 자신들은 충분히 마음을 바꿀 수 있다고, 그러니 다르게 다가와 달라고 말하고 있었다.

돌봄에 대하여

최근, 사람을 돌보고 돌봄을 받는 일이 삶의 조건이라고 말하는 사람이 늘었다. 돌보는 일이 인간의 조건이라는 말도 있다. '돌봄'이라는 말을 교사 입장에서 깊이 고심하게 된다. 내가 하는 일에도 돌봄이 있기 때문이다. 어린이들과 연루되면서 생겨나는 돌보는 일은 나의 몫이다.

내가 초등학생 때 교실에 똥을 싼 어린이가 있었다. 담임 선생님은 아무 말 없이 똥을 치웠다. 나는 그 표정을 오래 기억했다. 할 일을 하는 사람의 표정이었다. 나도 교사가 되고 체험학습에 나가서 어린이의 토사물을 치운 적이 있다. 어린이들의 몸은 생각보다 불안정해서,

어린이들은 자주 아프고 힘들어했다. 그래서 나는 어디가 아프고 무엇이 불편한지 세심히 알아보려 노력했다. 어린이들은 불안해도 아팠고 병에 걸려도 아팠다.

> 수많은 애씀에 기대어 한 인간의 '인간임'이 가까스로 유지된다.

돌봄 인식을 확장하는 책인 《새벽 세 시의 몸들에게》에서 발견한 문장이다. '돌봄'이라고 하면 늙고 아픈 사람을 돌보는 일을 떠올리지만, 늙지도 않고 아프지 않은 사람을 돌볼 때에도 수많은 애씀이 있었다. 어린이들의 마음을 돌보는 일도 나의 일이었다. 잘 돌보지 못한 순간들도 많았다. 내 감정과 별개로 교실 속 교육기관인 나는 우선 돌봐야 했다. 나는 돌봄을 병수발을 드는 일을 포함해, 감정을 고려하고 필요한 일이 무엇인지 신경 쓰는 일이라고 이해했다.

담임교사를 할 때도 체육 전담 교사를 할 때도 어린이들의 부상 여부는 내 관심사였다. 나는 늘 구체적으로 물었다. 내가 구체적으로 물어보면 어린이들은 구체적으로 말했다. 발이 아프다고 하지 않고 발을 돌릴 때 아프다고 말하거나 발바닥이 아프다고 했다. 어린이들은 운동을 하다 자주 통증을 호소했다. 근육이 놀랄 때가 잦았다. 오래 이어진 근골격계 환자 코스를 우수하게 통과한 나는 아픈 몸을 더 구체적으로 신경 쓸 수 있었다. 어린이들도 가끔 나를 돌봤다. 내가 아프거나 컨디션이 안 좋으면 신경을 썼고, 그럴 때 누군가 말썽을 부리면 친구에게 눈치를 줬다.

"야, 선생님 아프신데 왜 그러냐?"

그럴 때면 어린이들에게 고마우면서 미안했다. 어린이들은 내가 병가에서 복귀할 때 축하 인사를 건네기도 했다.

내가 무언가 말을 하면 어린이들은 염두에 두었고 조금은 다르게 행동했다. 내 마음을 생각한 일이라고 여겼다. 나도 그랬다. 어린이들이 좋아하는 일이나 흘러가듯 해보고 싶다고 한 활동은 기억해서 수업에 적용했다. 아이돌 그룹 '보이넥스트도어'가 좋다는 어린이들이 많아서 국어 시간에 보이넥스트도어의 노래 가사로 비유 표현을 알아보았다. 왕을 먼저 아웃시키면 이기는 '왕피구'가 소원이라는 어린이가 있어서 잘 기억해 두었다가 체육 시간에 팀을 나눠 왕피구를 했다. 어린이들은 내가 말을 잘 들어준다고 했다. 나는 말을 잘 듣는 사람보다는 잘 이해하려는 사람이 되려 애썼다. 사람을 이해해야 돌보는 일에 더 가까이 갈 수 있기 때문이다. 무엇을 원하는지 헤아려서 함께 하는 일도 넓은 의미에서 돌보는 일이라고 생각했다.

장애가 있거나 '도움이 필요한' 어린이가 있을 때는 늘 고민이 생겼다. 누가 이 어린이를 돌봐야 할까? 동료 선생님들이 택하는 편한 방법은 1인 1역으로 친구를 돕는 당번을 정하는 방식이다. 하지만 나는 한 번도 다른 사람을 돕는 어린이를 지정하지 않았다. 누군가를 돌보는 일을 한 사람이 떠맡는 것을 수긍할 수 없었기 때문이다. 보통은 선량하거나 불만을 표출하지 않는 어린이를 '도움이 필요한' 어린이 옆에 붙였다. 돌봄을 어린이에게 떠넘겨 처리하는 모습으로 보여 거부감이 들었다.

그래서 우리 반에서는 누군가에게 지원이 필요하면 내가 주로 했다. 여러 사람의 지원이 필요하면 어린이들과 함께 했다. 전담 교실로 이동할 때 내가 어린이와 함께 이동했다. 내가 함께 가지 못하면 어린이들에게 천천히 가도록, 가장 늦은 걸음 속도에 맞춰 가기를 요청했다.

하지만 체험학습을 갈 때면 문제가 복잡해졌다. 체험학습에서 친구들과 놀고 싶은 마음이 큰 어린이들은 다른 친구를 돌보고 싶어 하지 않았기 때문이다. '도움이 필요한' 어린이가 체험학습에 갈 때는 부모가 따라와서 데리고 다닌다는 이야기도 소문으로 들었다. 그만큼 학교가 돌발하는 돌봄 수요에 대처하는 역량이 부족하다. 돌봄 부담을 고려해 자녀를 체험학습에 보내고 싶지 않다고 푸념하는 보호자도 있었다. 하지만 나는 보내길 권했다. 다른 사람을 돌보는 일을 꺼리지 않는 어린이를 찾고, 보호자는 반 친구 보호자들에게 개인적으로 연락해 자녀와 함께할 친구를 찾았다.

'도움이 필요한' 어린이가 체험학습을 가는데 아무런 대책이 없을 때도 있었다. 보호자는 아무 말이 없고 학교에서도 지원이 어려웠다. 어린이들도 기피했다. 그런 경우 결국 동료 교사가 '전담 마크'를 했다. 담임 교사는 어린이들의 안전을 생각해 특정 장소에 대기하거나 긴급한 연락을 받아야 해서 누구와 함께 다닐 수 없는 입장이지만, 동료는 다른 수가 없어서 '도움이 필요한' 어린이와 함께 다녔다. 그 어린이가 탈 수 있는 놀이기구를 알아보고 몇 가지 타도록 지도한 후 어린이와 선생님이 함께 대기하는 식이었다.

가르치는 일을 넘어 어린이를 담당하고 지원하고 고려하는 일도 선생님의 업무였다. 나는 이 모든 일이 '돌봄'이라고 생각했다. 돌봄이 관계 방식이라고 생각해 열심히 돌봤다. 소외되는 사람이 없도록, 차마 말하지 못해서 필요한 돌봄을 받지 못하는 사람이 생기지 않도록 예민하게 주위를 살폈다.

돌보는 경험은 단순한 뒷바라지 이상이었고 휘발되는 경험도 아니었다. 돌보며 얻는 인식이 있었다. 돌보면서 얻은 인식들로 사람과 세상을 다르게 볼 수 있다고 믿었다. 세상은 잘 보이지 않는 누군가의 애씀에 기대어 돌아간다는 진실을 알게 되었다. 돌봄은 엄마가 하는 일이 아니라 '엄마 노릇'을 하는 모든 사람 일이기를 바랐다. 매뉴얼 없는 일인 돌봄이 드러나길, 어떤 책에 나온 표현처럼 '난잡한 돌봄'이 드러나길 바랐다. 졸업식 전날, 보호자들에게 마지막 인사로 반 온라인 게시판에 남긴 글에도 돌봄을 언급했다.

> 한 해 동안 여러 도움을 주셔서 감사했습니다. 저는 학교에서 돌보지만, 학교 밖에서 돌보신 분들의 애씀에 기대어 가르쳤습니다. 중학교 생활은 많이 다르지만, 늘 기운낼 수는 없겠지만 그 안에서 인생을 바로 보는 관점을 쌓아나갔으면 좋겠습니다.

문어의 꿈

프레첼은 말수가 적고 다소 까다로운 어린이였다. 프레첼의 어머니와 상담을 했을 때, 프레첼이 체육 시간에 넘어진 일에 관한 이야기가 나왔다. 넘어졌을 때 선생님이 일으켜주지 않아 프레첼이 오랫동안 서운하게 생각했다고 프레첼의 어머니는 말했다.

내 나름대로 열심히 해도 프레첼을 서운하게 하거나 만족시키지 못하는 일은 더 있었다. 단체 사진 속 자기 모습이 마음에 안 든다고, 다른 어린이에게 한 말을 자기에게는 안 했다고 불평했다는 말을 들었다. 자신의 생각을 나에게 직접 말하지 않는 프레첼은 평소에도 자기 마음을 잘 드러내지 않았다.

어느 날, 그런 프레첼이 장기자랑 대회에 나간다고 했다. 수학여행 첫째 날 저녁에 열리는 장기자랑 대회에서 노래를 부른다고 했다.

과묵한 프레첼이 정말 장기자랑에 참여하려는 건지 궁금했고, 프레첼이 원치 않는 반응을 얻을까 조심스러웠지만 본인이 원해서 신청을 도왔다. 어떤 노래를 부르는지는 몰랐다. 프레첼은 장기자랑에 필요한 음원을 모으는 선생님에게 자기가 부를 노래의 음원 파일을 전달했다.

학생들과 수학여행을 온 저녁, 유스호스텔 강당에 어린이들이 모두 모였다. 무대 조명이 켜지고 막이 열리자 어린이들은 갈고닦은 장기를 보여주었다. 흰 태권도복을 입은 세 어린이가 신나는 음악을 틀고 추는 태권무, 동물 잠옷을 입은 어린이들이 추는 코믹 댄스를 보며 좌중은 환호했다. 분위기는 달아올랐고 곧 프레첼이 무대에 올랐다. 어린이들은 큰 기대를 하지 않는 듯 보였다. 곧 웅장한 전주가 흘렀다.

세상에 처음 날 때, 인연인 사람들은

손과 손에 붉은 실이 이어진 채 온다 했죠.

다소 긴장했지만 프레첼은 청아한 목소리로 노래를 시작했다. 내 예상은 한참 빗나갔다. 프레첼은 노래를 멋지게 해냈다. 처음 듣는 노래였지만 곡조와 가사가 귀에 잘 들어와 바로 검색해보니 가수 안예은이 부른 〈홍연〉이라는 노래였다. 몇몇 어린이들이 노래를 따라 불렀다. 어린이들만 아는 가수인가 싶었지만, 안예은은 공중파 오디션 프로그램에도 참여한 적 있었다. 국악풍에 신비로운 분위기를 더한 곡이라 수학여행이 끝나도 기억에 남았고, 이후로 나도 〈홍연〉을 종종 들었다.

프레첼이 어떤 마음으로 무대에 섰을지 짐작하긴 어려웠다. 자신이 아는 좋은 노래를 들려주고 싶은 마음이었는지, 노래 실력을 드러내려는 마음이었는지. 내가 본 프레첼은 자신을 다른 사람에게 잘 드러내지 않는 어린이였지만 〈홍연〉은 그 마음을 이길 정도로 강력했다. 프레첼의 무대가 끝나고 모든 관객이 박수를 쳤다.

'초통령'이라는 말이 있다. '초등학생들의 대통령'이라는 뜻이다. 초등학생들이 즐기고 누리고 좋아하는 사람들이 초통령이다. 예시로 아이돌 그룹 '아이브', 유튜버 '도티'가 있다. 프레첼 덕분에 알게 된 안예은은 몇 년 뒤 초통령이 되었다. 〈문어의 꿈〉이라는 노래로.

> 나는 문어. 꿈을 꾸는 문어.
> 꿈속에서는 무엇이든지 될 수 있어.

〈문어의 꿈〉은 이 첫 줄 가사로 유명하다. 안예은이 작업실에서 한탄하다 만들었다는 〈문어의 꿈〉은 어린이 나라의 국가國歌가 되었다. 노래 속에는 다양한 문어가 나온다. 심해에 있는 외로운 문어가 처한 곳에 따라 자기 몸 색깔을 바꾸는 모습을 상상하는 내용이다. 일상을 견디려면 상상력이 필요하다는 가사로 들렸다. '우울하다'는 표현이 노래 속에 나오지만 어린이들은 전혀 우울하지 않게 〈문어의 꿈〉을 불렀다.

점심시간이면 교실에서 흥겨운 '떼창' 타임이 벌어지

고는 한다. 음악을 틀어놓으면 어린이들은 보통 잡담하며 듣다가 '국가'가 나오면 떼창을 한다. 애니메이션 〈뽀로로〉의 오프닝 곡을 틀면 6학년이라도 떼창을 한다. 이 국가 리스트에 〈문어의 꿈〉이 추가되었다. 첫 소절 네 글자인 "나는 문어"가 나오면, 뒷부분은 음악이 안 들릴 정도로 크게 따라 불렀다. 내가 만난 어린이들만 이런 건지 궁금해 초등교사 커뮤니티에 '문어의 꿈'으로 검색해보았더니, 농담조로 "문어의 꿈을 한번 잘못 틀었더니 귀가 너무 얼얼하다"는 게시글도 있었다.

    초등학교 선생님들은 어린이 나라의 국가인 〈문어의 꿈〉을 아주 다양하게 이용했다. 미술 시간에는 〈문어의 꿈〉에 등장하는 다양한 문어를 그렸다. 이 그림을 애니메이션으로 만들고 〈문어의 꿈〉 음원을 입혀 뮤직비디오를 만들었다. 미술과 음악의 콜라보 수업이었다. 음악 시간에는 〈문어의 꿈〉에 어울리는 또 다른 문어를 떠올려 가사를 바꾸어 보는 수업도 했다. 안예은의 노래로 리코더 악보를 만들어 올리는 선생님도, 안예은의 〈봄이 온다면〉으로 소고춤을 만든 선생님도 있다. 어느 교실에서는 삑삑거리는 소리를 내며 리코더로 〈홍연〉과 〈문어의 꿈〉을 연주하고 있을 것이다. 다른 교실에서는 〈봄이 온다면〉을 틀고 소고춤을 추는 어린이도 있을 것이다. 어린이들이 즐기고 잘 아는 음악이 생기면 수업은 다양해졌다. 음악을 이용해 선생님들은 어린이들에게 더 쉽게 다가갈 수 있었다.

안예은이 2021년에 발표한 노래 〈창귀〉는 귀신이 등장하는 곡이다. '창귀'는 호랑이에게 해를 입어 귀신이 된 사람이다. 〈창귀〉는 길가는 행인을 꾀어 호랑이에게 바치려는 창귀의 이야기다. 이 노래 역시 어린이들에게 큰 인기였다. 으스스한 분위기의 〈창귀〉 가사 비디오를 어린이들은 특히 좋아했다. "창귀 뮤직비디오 또 봐요!"라고 재촉하는 어린이도 있었다. 안예은이라는 가수가 있어서 가능한 즐거움이었다. 나는 창작자들에게 존경심을 가지고 있다. 어렴풋이 감지한 일상 속 언어에 실체를 부여하는 사람들이기 때문이다. 안예은은 이별과 우울, 공포를 아우르는 다양한 이야기를 썼고 어린이들은 안예은의 이야기에 빠져들었다.

나는 어린이들이 무언가를 즐기는 일이 놀랍다. 분명 어른과 같은 사회에 살고 비슷한 도구와 플랫폼을 쓰지만, 어린이가 즐기는 콘텐츠는 완전히 달랐다. 어린이들이 어떤 채널로 서로 연결되고 있는지, 어떻게 생각과 언어들을 공유하는지 궁금했다. 나는 감지할 수 없는 주파수로, 어린이들은 안예은의 음악을 좋아했다.

어린이들은 아이돌 음악만 좋아하지도, 대중가요만 좋아하지도 않는다. 점심시간에 테일러 스위프트나 올리비아 로드리고가 부른 팝송을 신청하는 어린이도, 버추얼 아이돌의 음악을 추천하는 어린이도 있었다. 인터넷 방송 스트리머의 커버곡을 듣는 어린이도, 아이돌 음악을 전혀 모른다는 어린이도 있었다. 엄마랑 들었다며 박효신의 〈눈의 꽃〉을 듣자고 하는 어린이도 있었다. 하지만 신기하게도 안예은의 음악은 어떤 곡조라도 어린이에게 가닿았다. 그래서 안예은의 음악을 어린이들과 함께 자주 들었다. 3·1 운동을 주동한 여성 독립운동가들을 수감한 서대문형무소 여옥사 8호실을 묘사한 노래 〈8호 감방의 노래〉도 사회 시간에 들어보았다. 후렴에

"대한이 살았다"는 가사가 나온다. 8호 감방 동지들이 감방에서 짓고 부른 노래 구절을 차용한 가사다. 이 후렴이 너무 강렬해서 노래의 제목을 '대한이 살았다'로 기억하는 어린이도 있었다.

안예은의 어떤 점이 어린이들의 마음을 움직였는지 정확히 알지는 못하지만, 어린이들이 좋아하는 음악가가 있다는 사실이 위안이 된다. '문어 이모'라고 불릴 수 있게 되어 감사하다고 쓴 안예은의 인스타그램 게시글을 읽었다. 어린이들이 자신을 좋아한다는 사실을 감사히 여기는 창작자가 있어 반가웠다. 누군가를 좋아하는 일은 당연하거나 단순한 일이 아니다. 좋아하는 일은 까다롭고 어려운 일이다. 나는 어린이가 무언가를 합리적으로 좋아한다고 생각한다. 그러므로 그 사랑에 보답할 수 있는 사람이 되려고 노력하는 일은 더 자주, 깊이, 많이 알아봐야 할 마음이다.

학군지 키드의 세계관

"학교는 버틸 만해."

학군지 안에 있는 초등학교에서 근무할 때, 어떤 어린이로부터 들은 말이다. '학군'은 중학교나 고등학교 배정을 목적으로 교육청이 나눈 행정 구분이지만, '학군지'는 높은 사교육 수요를 충족하는 학원들이 밀집되어 있는 구역을 뜻한다. "학교는 버틸 만하다"는 어린이가 하지 않은 말은 "학원은 힘들다"는 말이었다.

이 지역 보호자들이 선호하는 대형 수학 학원에 입학하려면 레벨 테스트를 봐야 했다. 자녀들을 레벨 테스트에 통과시키려고 전문 과외를 붙인다는 이야기도 들었다. 학원을 다니려고 과외를 받는다니, 생소했다. 레벨 테스트로 반이 나뉘고, 반이 달라지면 받는 수업의 질이 다르기에 보호자들은 큰 관심을 가졌다. 이 수학 학원의 레벨 테스트 범위는 6학년의 경우 중학교 2학년 1학기 내용까지였다. 숙제량이 많기로도 유명했다. 지역 맘카페에 올라온 이 학원의 숙제량을 묻는 글에는 "솔직히 빡세긴 하다", "숙제량이 많은 건 사실", "그래도 다닐 수 있다면 버텨야죠"라며 자녀의 부담을 인정하는 보호자들의 댓글이 달려 있었다. 소수 정예 학원, 과외, 학습지, 온라인 강의, '엄마표' 수업에 주말 영재교육원까지 있었으니 어린이들은 학습의 풍랑 속에 있었다.

교실에서 학원 과제를 하는 어린이를 보면 측은했다. 쉬는 시간에 수학 숙제를 하고, 짬이 나면 영어 단어를 외우고, 점심을 먹고 쉬며 영어 문장을 외웠다. 매일 다른 학원 숙제를 하는 어린이에게 물어보았다.

"학원 숙제가 그렇게 많아요?"

"아니요, 집에서 안 해서 그래요. 한 시간 정도면 다 해요."

학교 자투리 시간에 숙제를 해결해서 노는 시간을 확보하는 어린이도 있었고, 숙제가 너무 많아 늦게 자는 어린이도 있었다. 학원과 숙제는 동의어에 가까울 정도였다. 학원의 사정도 이해한다. 고객의 욕구를 충족하려면 많은 숙제로 학습량을 늘려야 했다. 학원도 다른 학원과 경쟁하기 때문이다. 학원이 효용을 증명하는 방식이 바로 숙제였다. 학원이 아니라 학원 숙제가 힘들다는 말이 와닿았다. 안쓰럽다면서도 버텨야 한다는 보호자와 보호자의 불안감을 의식해 대량으로 숙제를 처방하는 학원 사이에서 어린이들은 치이고 있었다.

나는 학군지 학교에 근무하며 교실이 '버틸 만한' 곳이 될 수 있길 바랐다. 어린이들에게 너무 큰 학업 부담을 주지 않았다. 일기, 독서록, 오답 노트, 배움 공책도 시키지 않았다. 숙제도 안 냈다. 보호자들이 좋아한다며 '코넬식 노트 필기법' 지도를 권한 선배 교사도 있었지만 동참하지 않았다. 이미 많은 선생님들을 거친 어린이들이 '좋은' 교육들에 지쳐 보였기 때문이다.

공부를 요구하는 어른들에게 질린 어린이들은 휴대

폰 속이나 친구들 틈으로 숨었다. 사방에서 죄수를 볼 수 있는 판옵티콘 구조의 감옥 안에 있는 죄수는 자신을 감출 수 없다. 어린이들은 판옵티콘에 있는 듯했다. 학교 화장실에 모여 대화를 나누는 일도, 교실을 벗어나 복도에서 접선하는 일도, 친구들과 자전거를 타고 함께 동네를 벗어나는 일도 감시자의 시선을 피하려는 행동으로 보였다.

보호자가 제공하는 당근도 있기는 했다. 보호자들은 학원이나 숙제에 지친 자녀들에게 휴대폰 사용을 허락하거나 친구와 놀도록 허락했다. 이 허락된 휴식은 공부를 계속하는 한 유지되었다. 주어진 휴식 시간은 자기를 돌보는 시간보다는 공부를 위한 충전 시간에 가까웠다.

동료 교사들은 학군지 안에 있는 학교를 선호했다. 어린이들이 기초 학습이 잘 되어 있어 따로 손이 가지 않고 가정에서 케어도 잘 받아 생활지도에 어려움이 덜 하다고 했다. 나는 손이 덜 가는 어린이가 되기까지 어린이들이 거쳤을 과정을 상상했다. 학원과 숙제, 훈육과 순응에 얽힌 복잡한 이야기가 있다고 생각했다. 내가 접한 '손이 덜 가는' 어린이들은 많은 지도가 필요하지 않았지만 삭막하고 개인적이었다. 교사가 요구하는 일 이상을 하지 않았다. 수업 시간에 흥미가 생기는 이야기를 들어도 더 알아보려 하지 않았고 이내 숙제인 문제집을 풀었다. 친구가 아닌 어린이에게는 관심이 없었다. 문제를 일으키면 보호자들끼리 얼굴을 붉히게 되므로 스스로 선을 넘지 않으려 했다. '같은 반'이라는 동질감도 희박했다.

'우리 집', '우리 형'이 아니라 '내 집', '내 형'이라는 말을 들었을 때 처음에는 이해하지 못했다. 농담이나 실수가 아니라 정확한 표현이었다. 그 어린이가 생각하는 '나'와 '우리'의 차이를 보여주는 말이었다. 다행히 나는 '우리' 선생님이었다. '우리'라는 단어를 거의 쓰지 않는 어린이, 학교는 버틸 만하다는 어린이를 보며 나와 그 어린이의 인식 차이를 감지했다.

학군지 어린이들의 세계에는 테스트와 경쟁, 정답과 오답, 이 선생님과 저 선생님, 금지와 허용이 있었다. 그곳의 어린이들은 학교 선생님을 중요한 사람으로 여기지 않는 것처럼 보였다. 학교 선생님은 잔소리를 하거나 무언가를 금지하는 여러 어른 중 한 명이었다. 그 어린이들은 과외 선생님이나 학원 프로그램이 마음에 안 들면 선생님을 바꾸거나 학원을 옮겼다. 하지만 학교 선생님은 쉽게 바꿀 수 없고 학교는 옮기기 어려우니 불만이 있으면 보호자가 익명으로 민원을 넣었다. 나에게 직접 쪽지를 남기거나 대화를 요청하는 일은 적었다. 선생님을 존중하는 방식은 학습하지 못한 듯 보였다.

어떤 보호자들은 내 교육 방식을 싫어했다. 들리는 소문에 내가 어린이들을 '놀게 한다'거나 '공부를 안 시킨다'는 반응이 있었다. 나는 정규 교과 과목을 주로 교과서로 가르쳤다. 1년에 190일을 수업하지만 일기나 독서록 과제를 안 내서, 단원이 끝날 때마다 단원 평가를 안 봐서 어떤 보호자에게 우리 반은 '노는' 반이었다. 나는 학습 동기를 고려해 문제 풀이보다 게임 활동으로 단원을 정리했는데, 어떤 보호자에게 그건 그저 '노는' 행위였다. 프로젝트 학습에서 다른 어린이와 협상하며 과제를 해결하는 과정도 '공부'가 아니었다.

보호자들이 생각하는 '공부'와 내가 생각하는 '공부'는 달랐다. 학군지 어린이들의 삶의 맥락에서 '공부'는 '선행학습'이었고 '교육'은 '입시'였다. 어린이들이 말하는 '좋은' 학교나 '좋은' 대학은 시설이 훌륭하거나 연구 성과가 우수한 대학이 아니라 취업에 유리한 학교였다. 이 어린이들이 학업을 마친 뒤 어떤 어른이 될지 상상하기 어려웠다. 한 번도 배워본 적 없는 곤란함을 마주했을 때 이들은 어떻게 반응할까? 그때 가서 배우면 될까? 정답도 없고 계산도 불가능한 문제를 직면하는 순간에 잘 대응하기를 바랄 뿐이었다.

스승의 날들

5월이면 학교에서는 부모님이나 선생님에게 편지를 쓴다. 미술 수업 시간에 그림을 그리거나 카드를 만들어서 부모님에게, 선생님에게 전달한다. 스승의 날이라고 편지를 꾸미고 글을 적어 건네는 마음은 고맙지만, 과제로 만든 편지들은 다소 공산품으로 느껴졌다. 동일한 프레임을 사용한 도안이 유행하기 때문이다. 편지 내용도 대부분 비슷했다. "말을 잘 듣겠다", "선생님이 재밌었다", "감사했다" 등등. 하지만 내가 받은 편지 중에 흥미로워서 오래 기억하는 첫 문장이 있다.

"선생님이 이름을 잊으셨을지도 모르겠지만 저 ○○

이에요."

 담임을 했었기 때문에 잊을 리 없는 이름이었지만, 당연히 자신의 이름을 기억할 거라고 생각하지 않고 잊었을 가능성을 언급해 기억에 남았다. 내 입장을 생각한 마음이 보여서 다른 미사여구보다도 그 말이 고마웠다. 언젠가 수업 시간에 예전에 가르친 어린이들의 이름을 잘 잊는다고 말했었다. 스쳐지나가는 나의 말을 붙잡은 어린이의 마음을 편지글에서 느꼈다.

 졸업 직전, 6학년 어린이들에게 졸업하고 찾아오려면 두 손 무겁게 무언가 들고 오라고 농담을 건넸는데 그 말을 기억하고 비타민 음료 한 박스를 들고 오는 졸업생도 있었다. 아무것도 받지 않고 내가 간식을 내주는 때가 더 많았지만, 선생님을 찾아주는 마음은 몸 둘 바 모르게 감사한 일이었다.

 학생들의 이름을 기억하는 건 필요한 일이지만 어려운 일이다. 매년 스무 명씩 만나도 10년이면 이백 명이다. 서준, 준서, 하율, 소율, 지율, 서윤 같은 이름은 떠오르는 얼굴이 여럿이라 한 명을 특정하기 어렵다. 학생에게 선생님은 보통 1년에 두세 명이지만 교사는 아니다. 교사는 학생들을 개별적으로 기억한다. 많은 시간을 붙들고 생활지도를 한 학생이나 특별히 힘들게 한 학생을 기억한다. 1년 동안 많이 성장한 학생이나 교육 활동에 적극적인 학생도 기억한다. 모든 학생을 기억할 수는 없었다. 떠오르는 기억이 거의 없는 제자가 찾아올 때는 당황스러웠다. 나를 찾아온 제자가 꺼내놓은 과거 이야기가 내가 아는 이야기와 다르기도 했다. 학생에게 과거는 추억이나 경험이지만, 교사에게는 끝낸 업무여서 관점도 다르다. 자신은 '좋은 학생'이었다고 기억하지만 그 학생을 힘들었다고 여기는 교사도 있다. 친구와 잘 지내고 선생님에게 혼나지 않아서 좋았던 한 해로 기억하는 학생과, 학생의 학업과 생활을 지켜보며 티 나지 않게 개입한 교사는 입장이 다르다.

초임 교사 시기에 나는 어린이들과 관계가 좋지 않았다. 소통하는 방법을 몰라 화를 자주 냈다. 한 번은 내가 교실에서 크게 소리를 지르자 그 소리를 들은 교장 선생님이 무슨 일이 있나 싶어 교실 문을 박차고 들어온 적도 있다. 그때의 나는 어린이들에게 거칠게 말하기도 했다.

스승의 날 하루 전, 아침 일찍 학교에 와서 담임 선생님에게 깜짝 이벤트를 한다는 다른 반 소식을 들었다. 나도 내심 기대했다. 어린이들에게 일부러 내일 늦게 출근한다고 말하기까지 했다. 그러나 다음 날에는 아무 일도 일어나지 않았다. 쉬는 시간, 점심시간에 우리 반 어린이들이 이제라도 작당모의를 하길 바라며 교실에 들어가지 않았지만 아무 일도 없었다. 어린이들이 표현하지 않는 마음을 알 수 있었다. 서운하지는 않았지만, 나는 왜 마음을 얻지 못했나 고심했다.

나는 어린이들과 관계 맺는 일이 어려워서 매뉴얼이나 규정으로 숨었다. 해야 하는 일과 지켜야 하는 일로 어린이들을 설득하려 했다. 마음을 얻어야 했는데 규칙을 들이밀었다. 어린이들은 규정 뒤에 숨긴 내 소심함을 알아보았다. 어린이의 마음을 얻으려면 투명해야 했다. 돌보려는 마음과 존중하려는 마음이 담기지 않은 훈육을 어린이들은 모두 간파했다.

"우리 쌤이 우는 거 처음 봤다. 충격이다."

스승의 날에 헛된 기대를 했던 해에 만난 한 어린이가 자기 달력 구석에 쓴 메모다. 쉬는 시간에 교원평가 결과를 열어보고 나도 모르게 눈물을 흘렸었다. 나를 향한 안 좋은 평들이 많았기 때문이다. 내가 한 일도 있었지만 하지 않은 일도 있었다. 부정확한 말들이었지만 어떤 뜻인지는 정확히 알 수 있었다. 나는 실패했다. 교원평가 결과가 나온 시기가 학기 말 겨울이었으니 나는 한 해 동안 계속 실패한 셈이다.

나는 어떤 어린이에게는 기억하고 싶은 선생님이었고 어떤 어린이에게는 기억하기 싫은 선생님이었다. 선생님은 제자를 사랑하고 제자는 선생님을 잘 따르는 멋진 관계는 늘 가능하지는 않았다. 나는 〈스승의 은혜〉 노래 가사처럼 하늘 같은 은혜를 베푸는 사람도 아니었고 우러러볼 만큼 멋진 사람도 아니었다. 평범한 생활인으로 번민했고 실수했다. 내 동료 교사들도 실패하고 고민하고 반성하는 사람들이었다. 교사는 은혜를 선사하는 사람보다는, 학생들이 온전한 하루를 보낼 수 있도록 애쓰는 사람들이었다. 그래서 나는 어린이들이 '스승의 은

혜'가 아니라 교사들이 애쓰는 시간을 더 알아보길 바랐다. 스승의 날에 쓰는 마음 담은 말들도 좋지만, 시간과 마음을 들여 애쓰는 사람의 일상을 기억하고 알아보는 날이 더 많아지길 바랐다.

상실과 애도

 교사 생활을 하며 학부모 상(喪)을 두 번 겪었다. 두 분 다 투병하다 돌아가셨다. 두 번째로 겪었던 상이 기억에 남는다. 어린이가 깊이 슬퍼했기 때문이다. 덕무는 내성적인 어린이였다. 목소리가 낮았고 눈치를 많이 봤다. 내 눈에는 불안해 보였다. 상담을 하면 아버지가 돌아가실까 봐 무섭다며 눈물을 흘렸다. 나는 할 말이 없었다. 겪어보지 못했기 때문이다. 나는 '사랑하는' 부모를 잃어본 일도, 부모와 깊은 애착을 맺은 적도 없었다.

 부고 전화는 내가 받았다. 수업 중 갑자기 전화벨이 울려 받았는데 아무 말도 없었다. 흐느끼는 소리만 들렸다.

이어 부고를 알리는 전화라고 수화기 너머 목소리가 말했다. 덕무를 따로 불러 부고를 전했다. 덕무는 울면서 그 길로 조퇴했다. 예상은 했어도 이별은 아픈 일이었다. 덕무는 상을 치르고 학교에 돌아왔다. 가끔 아빠가 생각난다며 눈물을 흘렸다. 나는 덕무를 위로했다.

"아버지는 덕무가 잘 지내는 모습을 보고 싶으실 거예요. 슬픔은 기억해야 하지만 언제까지고 기억할 수는 없어요. 잘 보내드리고 남은 삶을 잘 살아야 합니다."

내가 할 수 있는 최선의 말이었지만 입맛이 썼다. 덕무에게는 아버지가 살아 돌아오는 일 외에는 위로가 될 일이 없기 때문이다. 상실은 언제나 시기상조였다.

"모든 죽음은 사회적 타살이라고 어떤 학자가 그랬어요."

유명 아이돌 그룹의 멤버가 자살로 사망한 다음 날 어린이들에게 했던 말이다. 어린이들은 숙연했다. 내가 비틀어 언급한 말의 본래 문장인 "모든 자살은 사회적 타살"은 사회학자 뒤르켐의 주장이다. 누군가를 죽음에 이르게 한 일들을 늦었지만 되돌아보고 싶었다. 다른 사람을 죽게 하는 데 우리가 보태고 있진 않은지 함께 고민해보고 싶었다.

어린이들의 사회에서도 비슷한 일이 있어서 했던 말이었다. 서로 뒷담화를 하는 어린이들도 있었고, 카톡 상태 메시지로 누군가를 저격하는 어린이도 있었다. 싫어하는 친구를 헐뜯으려 헛소문을 퍼뜨리기도 했다. 상대방의 죽음을 상상하라는 말은 아니지만, 무심코 던진 돌에 누군가는 죽는다는 사실을 알길 바랐다.

서른 명에 가까운 어린이들은 각자 사정이 생기면 학교에 나오지 않았다. 다른 사람의 죽음이 그 이유일 때가 있었다. 할아버지의 숙환, 친척의 병사, 부모의 사망. 나는 어린이들이 누군가의 죽음을 경험하고 애도를 배울 수 있기를 바랐다. 사라진 생명을 기억하고 애도하며 다른 생명을 애도할 수 있는 사람이 되길 바랐다. 참사가 발생하거나 언론이 '비극'으로 일컫는 죽음들이 등장하면 교실에서 한두 마디라도 죽음에 대해 말했다. 같은 죽음이 다시 일어나서는 안 되기 때문이다.

어린이들에게 상실과 애도를 가르치기는 쉽지 않다. 덕무의 일처럼 친밀했던 사람을 애도할 때도 있고, 완도에서 사망한 가족 사건*처럼 우리 사회를 돌아봐야 하는 애도도 있기 때문이다. 나는 가까운 상실부터 이야기했다. 누군가가 죽으면 잘 보내주어야 한다고, 잘 보내주는 일이 산 사람의 책임이라고 말했다. 어렵고 아리송한 이야기지만, 실제로 소중한 사람을 잃거나 함께 지낸 동물을 무지개다리 너머로 보낸 어린이는 애도 이야기를 자신의 이야기로 들었다. 마음에 담아둔 슬픔과 기억을 꺼내게 하는 이야기라 불편할 수는 있었다. 나는 내가 겪은 상실의 경험으로 사람들에게는 각자의 슬픔이 있다고 짐작했다. 어린이도 당연히 예외가 아니다.

나는 어린이들에게 죽음을 상상하게 하는 질문을 했다. 만약 학교에 오면서 본 보호자의 모습이 마지막 모습이라면 어떤 기분이 드는지 물었다. 엄마랑 아침에 싸웠다는 어린이도 있었고, 일상 대화를 했다는 어린이도,

---

* 2022년 발생한 완도 일가족 사망 사건을 일컫는다. 제주도 한 달 살기를 떠난 일가족이 실종되었고 후에 완도 바다에서 일가족이 탄 자동차가 발견되었다. 언론은 가정의 경제적 어려움을 '자녀 살해 후 자살' 사건의 원인으로 지목했다.

자고 있어서 보지 못하고 학교에 왔다는 어린이도 있었다. 어떤 어린이는 갑작스러운 질문이 이끈 짧은 상상에도 괴로워했다. 때로는 유서를 써보기도 했다. 감정을 담은 편지를 쓰는 국어 시간에 자신이 죽을 때 어떤 말을 전하고 싶은지 써보자고 했다. 어린이들은 사소한 일을 미안해했다. 반찬 투정한 일, 툴툴댄 일을 미안해했다. 유서를 읽으며 우는 어린이도, 담담한 어린이도, 창피하다고 한 어린이도 있었다.

우리는 소중한 사람이 사라지는 일이나 자신이 죽는 일을 상상하지 않는 편이다. 상상하고 싶지 않기 때문이다. 하지만 상상과 상관없이 상실은 찾아올 수 있으니 평소에 죽음을 준비하고 상상해야 한다. 어린이들이 어떻게 받아들였을지 알 수는 없었다. 집에 가서 조금 다른 말을 보호자에게 했을까? 보호자는 '오늘 우리 애가 왜 이러지' 싶었을까? 어린이들에게도 삶의 중요한 순간인 상실과 애도에 대해 고민하는 시간이 필요하다. 나는 어린이들에게 상실과 애도가 돌발하는 사건이나 일화가 아니라 준비하고 맞이하는 삶의 순간이 되길 바랐다.

다른 몸을 상상하기

내가 근무하는 학교는 6층 건물이다. 교실은 5층까지 있고, 6층에는 시청각실이 있다. 어린이들은 학년이 오를수록 더 높은 층 교실을 사용한다. 1학년 교실은 1층에 있고 6학년 교실은 5층에 있다. 고학년 어린이들은 주로 계단을 이용해 통행한다. 휠체어 이용자나 거동에 어려움이 있는 사람이 이용할 수 있는 엘리베이터가 한 대 있다.

매일 1층부터 5층까지 오르내리는 6학년 어린이들은 계단을 싫어했고 엘리베이터를 종종 탔다. 학교는 장애가 있거나 몸이 불편한 사람만 엘리베이터에 탈 수 있다고 규정했고, 어린이들은 규정을 의식했다. 잘 걷는 어린이가 엘리베이터를 타면 왜 타냐고 묻기도 했고, 일부는 아픈 척을 하며 탔다. 아프지 않은데 엘리베이터에 왜 타냐고 친구가 물으면 "그럼 너도 타"라고 말하며 넘어갔다. 5층에 가는 어린이들은 엘리베이터를 타는 것을 들키지 않으려고 4층에서 내려 한 층은 계단으로 올라가기도 했다. 체육 수업을 마치고 힘들다고 탔고 아픈 친구 한 명이 타면 부축한다며 우르르 여럿이 함께 탔다. 1층으로 전담 수업을 하러 갈 때는 멀쩡히 계단을 걸어 내려갔지만 올라올 때는 엘리베이터를 타고 오기도 했다.

특별한 건강 문제가 없는데도 엘리베이터에 타는 어린이들을 이기적이라고 봐야 할까? 그러기엔 나를 포함한 교사들은 건강 문제가 없어도 엘리베이터를 거리낌 없이 탔다. 어린이가 나에게 엘리베이터를 왜 타는지 물어보면 나는 무릎이 안 좋다는 이유를 늘 댔다. 무릎 통증으로 병가를 낸 적이 있고 계단 내려가는 일이 부담스러운 것은 사실이지만, 누구에게도 변명하지 않고 엘리베이터에 타는 일은 교사의 특권이었다.

6학년 어린이들은 왜 교실이 5층에 있냐고 자주 불만

을 표했다.

"그럼 1학년이 5층에 올라와야 할까요?"

"어린 애들이 더 고생해야죠."

"5층에 올라오는 게 힘든 1학년들은 어떻게 하죠?"

"저희도 힘들어요."

물론 5층을 매일 오르내리는 일은 힘들다. 나는 누군가는 써야 하는 5층이니, 이왕이면 가장 신체가 발달한 나이인 6학년이 쓰는 것이 합당하다고 말했다. 하지만 당사자들은 '대우'를 원했다. 나는 어린 사람이 고생하고 덜 어린 사람이 대우받아야 한다는 어린이들의 주장에 전혀 동의할 수 없었다.

"여러분도 내년에 중학교 1학년 되는데, 1학년이라고 고층 쓰고 싶어요?"

이런 내 질문에 돌아오는 수긍할 수 있는 대답은 없었다. 공간을 어떻게 나누고 누가 어느 곳을 쓰는지도 정치적인 문제였다. 학교 공간은 잘 뜯어보면 전형적이었다. 예를 들면, 장애인 화장실은 1층에만 있었다. 장애를 가진 어린이는 다른 층에도 있는데 그랬다. 어린이들이 학년 행사에 참여할 때 찾는 시청각실은 6층에 있다. 6층까지는 엘리베이터를 타고 올라갈 수 있지만, 문제는 시청각실 문을 지나려면 계단을 올라야 한다는 점이다. 휠체어 이용자는 시청각실 이용이 어려웠다.

휠체어를 이용하는 뇌병변 장애인 유튜버 '굴러라 구르님'은 재학 중인 대학교 캠퍼스에서 이동하는 영상을 올렸다. 곳곳에 경사와 턱이 있어 통행이 불편했고, 특히 교내 도서관은 가는 길에 급경사가 있어 이동하기 어려웠다고 고백했다. 구르님은 책 《하고 싶은 말이 많고요, 구릅니다》에 고등학생 시절 이야기를 썼다. 비상 대피 훈련 시간, 학교에서 휠체어를 타는 학생에게 맞는 대응을 하지 못해 구르님은 교실에 남겨졌다. 구르님은 훈련을 마친 친구들에게 농담으로 이렇게 말했다.

"나 버리고 도망가니까 좋냐?"

"너…… 내가 보여? 난 죽었는데?"

비상 대피 상황이 생기면 친구나 교사가 이동이 어려운 친구를 업고 구조해야 한다는 이야기도 돌았지만, 이는 개인에게 책임을 맡기는 일이라 옳지 않다고 느꼈다.

휠체어 이용자는 어떻게 대피해야 하는지, 누가 5층 교실을 써야 하는지, 누가 엘리베이터를 타야 하는지는 모두 논의가 필요한 문제지만 중요하게 여겨지지 않는다. 이런 문제들은 사회가 몸을 상상하는 능력이 부족함을 드러냈다. 어린이들은 5층까지 걸어 올라가는 게 힘들다고 말했지만, 5층에 접근이 힘든 사람을 상상하지는 못했다. 나는 어린이들이 자신이 느끼는 어려움을 상대적으로 보길 바랐다. 누가 편한 자리를 차지하느냐만 생각하기보다 건물이 어떤 몸과 사람을 상상하며 만들어졌는지 알아보는 능력을 갖추길 바랐다.

학교에 있으면 접근성 부족을 직면한다. 물리적 접근성뿐만 아니라 다양한 접근성을 고려하면 학교에는 여전히 문제가 많다. 한국어가 서툰 결혼이주여성 보호자를 만났을 때 깨달았다. 문제 행동을 하는 어린이 때문에 보호자와 상담하려 했지만, 보호자와 대화하는 것은 어려웠다. 가정통신문을 보내도 숙지하지 못할 때가 있었다. 중요한 대화를 할 때는 보호자가 불러온 '삼촌'과 대화했다. 한국어가 낯선 보호자가 자녀를 잘 돌보려면 언어 접근성도 개선되어야 한다. '시대'에 발맞춰 다국어 가정통신문을 발행하는 학교도 늘어나는 추세다. 언어 접근성 개선은 어린이가 성장하도록 돌보는 일에 중요한 요소이다.

성대하게 열리는 입학식과 졸업식이 여러 몸을 환대하는지 분명하지 않다. 학교 행사는 시력이 없는 사람, 저시력자, 수어를 사용하는 농인, 난청이 있는 사람 등 다양한 몸을 가진 사람들이 이해할 수 있는 방식으로 내용을 전달하고 있지 않다. 필요한 사람이 신청하면 지원할 수 있는 절차가 있어야 하지 않을까? 또한 학교는 종소리로 수업의 시작과 끝을 알린다. 듣기 어려운 사람도 있으니 시각효과가 있는 벨을 설치할 수도 있을 것이다. 벨을 누르면 불이 들어오는, '눈으로 보는 초인종'이라는 초인등도 있다. 점심시간에는 모두 똑같은 급식을 받지만, 당뇨가 있는 어린이나 채식을 하는 어린이가 있을 수도 있다. 과학 시간에 실험을 할 때도 화학물질에 과민한 사람이 있을 수도 있다. 접근성을 개선하려면 단순히 편의시설을 설치하는 것뿐만 아니라, 다양한 몸과 여건을 고려하는 상상력이 필요하다.

두 다리로 계단을 오르는 일이 힘들다는 어린이들에게, 평소처럼 걸어서 등교할 때 걸리는 시간과 계단을 피해서 등교할 때 걸리는 시간을 측정해보자고 제안했다. 두 다리로 계단을 올라오는 입장과 휠체어 이용자의 입장을 비교해보자는 의도였다. 교실 접근성을 1층의 1학년이 아니라, '다른 몸'과 비교해보려 했다.

계단을 밟지 않고 학교에 오려면 엘리베이터를 무조건 타야 했고, 경사로를 찾아 올라야 했다. 아파트에서 아침에 엘리베이터를 타려니 시간이 많이 걸렸다. 학교에서도 엘리베이터에 여럿이 타려 하니 더 기다려야 했다. 어린이들은 계단에 경사로가 없는 곳도 있었다고 말했다. 학교 정문을 지나 건물로 들어올 때 경사로가 어디에 있는지 둘러보는 데 시간이 걸렸고, 그 경사로로 돌아오느라 시간이 더 걸렸다. 예상보다 더 많은 시간 손실이 있었다. 매일 5층까지 오르는 일을 불평하던 어린이들은 자신의 힘듦을 상대적으로 바라보는 시간을 가졌다.

미술 교과서에는 '유니버셜 디자인'을 구상하는 내용이 있다. 유니버셜 디자인은 '보편 설계'라는 뜻으로 성별, 나이, 신체, 언어 등으로 인해 제약받지 않도록 고려하는 설계를 뜻한다. 참고 자료로 손가락이 없거나 손힘이 적은 사람도 열 수 있는 손잡이, 왼손-오른손 공용 가위, 휠체어 이용자나 노약자가 이용할 수 있도록 입구 턱을 없애고 안전바를 설치한 욕실 사진을 보았다. 교과서에는 "다른 사람을 배려하는 디자인에 대해 생각해 봅시다"라고 쓰여 있었다. 읽는 어린이들을 순전히 '배려'하는 사람으로 전제했다. 하지만 누구나 '보편 설계'의 대상으로 고려되는 사람일 수 있으니, 어린이들에게 여러분들도 누군가가 고려하는 '다른 사람'이라고 했다. 교문 앞에 어린이들이 안전하게 통행할 수 있도록 노란색으로 색칠한 '옐로 카펫'도, 어린이 몸 높이에 맞춰진 화장실 개수대도 어린이들을 고려한 일이라고 말했다.

엘리베이터를 누가 탈 수 있는지를 다루는 이야기는 건물이 어떤 사람을 상상하며 만들어졌는지, 디자인은 얼마나 보편적일 수 있는지 생각하는 일로 이어졌다. 어린이들은 하루의 불편을 체감했지만, 더 큰 사회 이야기가 엘리베이터에, 계단에, 화장실에, 학교에 있었다.

세월호 참사를 가르치는 일

2014년 4월 16일, 나는 경기도 안양시에 있는 초등학교 5학년 교실에 있었다. 첫 교직 생활을 그만두고 시간강사를 할 때였다. 쉬는 시간에 세월호라는 배가 침몰하고 있다는 소식을 보았고, 큰 사건이어서 생중계 뉴스 방송을 어린이들과 다함께 봤다. 얼마 지나지 않아 '전원 구조'라는 큰 자막이 뉴스 영상에 실렸다. 어린이들과 함께 다행이라며 환호하고 텔레비전을 껐다. 모든 수업을 마치고 집에 돌아와 열어본 포털 사이트 기사는 다른 말을 하고 있었다.

　나는 그때부터 지금까지 세월호를 잊지 않았다. 이재

정 전 경기도교육감은 세월호 참사 희생자를 추모했고 '노란 리본의 달'을 운영했다. 경기도교육청에는 분향소도 있었다. 매년 4월이면 선생님들은 세월호에 관한 교육을 했다. 건네받은 세월호 교육 자료 속 문구와 선생님들의 말에서 "잊지 않겠다", "기억하겠다"는 표현을 보고 들었다. 시간이 흘러 만난 어린이들은 세월호를 잘 알지 못했고, 세월호에 대해 가르쳐줘야 하는 일이 생겼다. 함께 본 영상에도 역시 '기억' 이야기가 많았다. 어린이들은 잘 모르지만 기억하겠다고 했다. 나에게 세월호 참사는 잊혀서 문제가 아니라 잊히지 않아서 문제였다.

체험학습 장소인 롯데월드로 가는 버스 안에서 세월호를 생각했고, 여행으로 온 제주도에서 4·3 사건에 이어 세월호를 생각했다. 제주도까지 닿지 못한 세월호 희생자들이 가졌을 기대감을 생각했고, 우도 바다를 가르는 배에서 세월호 희생자들이 보았을 지루한 바다 풍경을 상상했다. 세월호에 탔던 선생님들도 떠올렸다. 가까스로 구조되었지만 자신의 생존을 괴로워한 선생님, 학생들을 끝까지 구조했지만 끝내 실종된 선생님, 뒤늦게 순직으로 인정받은 기간제 선생님, 살아 돌아왔지만 계속 살지 못한 교감 선생님도 생각했다. 나와 같은 직업을 가진 사람들이 보여준 생존과 죽음의 스펙트럼은 내가 어린이들과 함께 있을 때 위급한 상황이 발생하면 어떤 삶과 죽음이 내 앞에 기다리고 있는지 보여주었다. 김탁환의 소설 《거짓말이다》와 다큐멘터리 〈로그북〉을 보며 용감하게 바다로 뛰어든 민간 잠수사들의 몸과 마음도 생각했다. 얼마나 차가웠을까. 얼마나 숨찼을까. 얼마나 아팠을까. 세월호라는 거대한 배가 왜 화물을 제대로 묶지 않았는지, 어떻게 출항 허가가 떨어졌는지, 과적과 5층까지의 증축이 어떻게 가능했는지 묻고 싶었다.

세월호 참사 이후 세상이 얼마나 바뀌었는지 확신할 수 없었다. 나는 세월호 참사를 기억하자는 말은 참사로 잃은 사람들을 기억하자는 것뿐 아니라 참사가 발생한 근본적인 원인을 기억하자는 말이라고 이해했다. 기억해서 같은 일이 재발하지 않게 사회를 바꿔야 했다. 세월호 참사가 마지막 참사여야 했다. 하지만 내 바람과 달리 참혹한 사건은 이후로도 이어졌다.

서울시 용산구 이태원의 골목에서도, 충청북도 오송의 터널에서도 사람은 죽었다. 먼 바다에서 조업하던 스텔라데이지호도 침몰했다. 모든 죽음과 참사와 사건을 기억할 수 있을까? 다른 사건들과 세월호가 다르다고 말하는 기분이 들어 어린이들에게 세월호를 말하기 조심스러웠다. 잘 모르는 일을 기억하라고 강요한다고 느낄 수 있다고도 생각했다. 한편으로는 슬픈 노래를 들으며 슬픈 감정을 유발하는 것은 세월호 참사를 총체적으로 이해하기보다는 정서적 동요를 일으키고 끝내는 일에 가깝다고 판단해 피했다.

세월호에 있던 사람들을 구조하지 못한 현실을 말하는 일은 '정치적'인 이야기로 흐를 수밖에 없어 조심스러웠다. 세월호가 침몰하고 다시 땅으로 올라오기까지 벌어진 참상들, 어떤 투쟁들, 정치인들의 막말들이 기억에 남아 있기 때문이다. 세상만사가 정치적이지만 정확하게 애도하는 일도 정치적이었다. 나는 학교에서 정치적 중립의 선을 가까스로 지키며 최소한의 말만 했다.

소극적으로 세월호 참사를 다룬 지 여러 해가 흘렀

다. 사람들이 노란 팔찌를 팔목에서 빼고, 컵에 붙였던 노란색 리본 스티커도 바래져서 있었는지조차 인식이 안 될 만큼 시간이 흐른 지금은 세월호 참사가 발생한 지 11년이 지난 2025년이다.

세월호 참사를 잊을 수 없는 이유 중 하나는, 세월호 참사가 내가 가르치는 어떤 과목보다도 더욱 진실을 보여주는 사건이었기 때문이다. 도덕 시간에 책임지는 삶에 대해 말했고, 급식 뒷정리를 하지 않는 담당 어린이에게 책임을 이야기했었다. 하지만 현실에서는 책임을 져야 하는 사람이 책임을 지지 않았고, 책임지지 않는 사람이 목숨을 건졌다. 어른이자 권력자인 나는 어린이들에게 조용히 하라거나 규칙을 어기지 말라고 했는데, 세월호에서는 오히려 어른과 권력자의 말을 따르지 않는 사람이 안전했다. 철학자 아도르노는 "홀로코스트 이후 서정시를 쓰는 것은 야만"이라고 했다. 나는 세월호 참사 이후 교과서를 그대로 가르치는 일은 야만이라고 생각했다.

학교에서는 세상은 도덕적이며 국가는 믿고 의지할

만하다고, 문제가 생기면 경찰과 소방관과 제도와 법이 지켜준다고 말했지만 이 모든 질서가 뒤틀리고 제도가 사람을 지켜주지 않을 수 있다는 진실을 알려주지는 않았다. 그래서 나는 어린이들에게 거짓말을 했다. 아니면 말끝을 흐렸다.

"국가는 국민의 생명과 안전을 최우선으로 지킨다고 하네요."

국가나 사회가 제 역할을 다한다고 표현하는 서술들을 읽을 때마다 말끝을 살짝 바꿨다. 내가 할 수 있는 소심한 진실 말하기였다. 세월호 10주기가 되는 2024년 4월에는 국회의원 선거가 치러졌다. 듣기 싫은 소음들이 창밖에도, 뉴스에도, 휴대폰 문자에도 있었다. 날카로운 혐오의 말들, 다급한 후보들의 말과 행동들이 내 고요를 방해했다. 뉴스를 끄고 책을 읽고 영화를 봤다.

뒤늦게 조현철 감독의 영화 〈너와 나〉를 봤다. 〈너와 나〉는 수학여행을 가기 전날에 한쪽 다리를 다친 친구 하은을 염려하고 사랑하는 새미의 이야기다. 이 이야기의 배경은 경기도 안산이고, 안산역과 안산시의 오래된 아파트와 안산시를 운행하는 버스가 등장한다. 배우들의 얼굴 주변에는 공기처럼 죽음이 스며 있었다. 제사 후 지방紙榜을 태우는 아랫집 사람, 병원 근처에서 조화弔花를 옮기는 사람들과 장례식 상주 완장을 낀 사람들, 새의 죽음과 갇혀 있는 강아지들, '물'을 연상하게 하는 대사들. 상실과 죽음의 이미지가 가득했지만 질식할 것 같지도, 고통스럽지도 않았다. 영화는 세월호를 넌지시 가르키고 있었다. 요란스레 기억하겠다는 말보다 상실을 핍진하게 말하는 대사들에서 위안을 얻었다.

"남들은 개 하나 사라지는 게 뭐 대수냐고 그러는데, 개 키워보면 그게 아니거든요."

"죽었다면 차라리 고통스럽게 죽지만 않았으면 좋을 텐데, 한 번만이라도 볼 수만 있다면 정말 소원이 없을 텐데, 마지막 모습이 눈에 진짜 생생하게 떠오르는데, 볕이 정말 좋은 날이었어요."

나는 상실을 겪은 사람들의 말과 행동을 보며 그 마음을 가늠했지만, 그저 가늠했을 뿐 상실한 사람들의 마음을 감히 말할 수는 없었다. 어린이들에게 세월호 유가족의 마음을 함께 이해하자고 제안할 수도 없었다. 세월호 참사를 내 일처럼 여기며 기억하겠다고 당당하게 말할 수도 없었다. 나는 철저한 외부인이었기 때문이다. 내게 세월호 참사를 말할 자격이 있는지 확신할 수 없어서 머뭇거렸다.

하지만 한 명의 교육자로서, 성인이자 기성세대로서 세상이 분명히 바뀌어야 한다고는 생각했다. 그래서 기억한다는 말보다, 기억해서 무엇을 할 수 있고 무엇을 해야 하는지를 더 고심했다. 내가 할 수 있는 일이 많지는 않았다. 내게 주어진 표가 하나이듯, 나는 1인분 이상을 할 수는 없었다. 하지만 세월호 참사에서 보기 어렵던 모습이 바로 1인분을 제대로 해내는 모습, 상황에 따라 원칙을 바꾸지 않고 자기 자리에서 자기 몫을 제대로 하는 모습이었다. 나는 잊지 않고 내 몫을 하기로 했다. 어린이들과 롯데월드에 가기 전날, 안전 교육을 하며 짐짓 비장하게 말했다.

"여러분, 버스에서 사고가 발생하면 제가 제일 늦게 나갑니다. 여러분 다 책임질 거예요."

정말 책임질 수 있을지는 확신할 수 없었지만, 적어도 나는 도망치는 사람은 되고 싶지 않았다. 영웅이 되고 싶어서가 아니라 책임을 다해야 한다고 생각해서 한 말이었다.

어린이들은 사뭇 비장한 나를 보며 함께 비장해하기도, "오~" 하며 호응하기도 했다. 나는 진심이었다. 어린이들의 반응에서 세월호 참사를 직접 대면한 나와 세월호 참사를 글로 배운 어린이들의 차이를 느꼈다. 세월호 침몰부터 세월호 인양까지 모두 지켜본 나는 책임을 지는 일의 무게를 생각했다. 하지만 어린이들은 세월호 참사를 학교에서 배우는 여러 사건 중 하나로 생각했다. "책임진다"는 나의 말은 죽음을 염두에 둔 말이었다. 세월호에서 가장 먼저 탈출한 선장을 생각해 꺼낸 말이었다. 어린이들은 내가 죽음까지 고려한 말을 꺼냈다고 상상하지 못했을 것이다.

"아주 꿈이 넘치셨던 형 누나들 거기서도 행복하세요 감가 고인의 명복을 빕니다.", "언니오빠들 하늘에서 맛있는거 먹고 잘쉬어". 4·16 세월호 참사 온라인 기억관

홈페이지에 있는 추모 글들이다. '형, 누나, 언니, 오빠'라는 표현을 보고 쓴 사람을 어린이로 짐작했다. '감가' 고인의 명복을 빈다는 표현과 다소 서툰 띄어쓰기가 내가 아는 어린이가 쓴 글로 보이게 했다. 고인에게 예를 갖출 때 쓰는 표현이 있음을 알지만 정확히 몰라 선생님에게 묻는 어린이, 교실에서 사용하는 태블릿 PC로 한 자 한 자 꾹꾹 눌러 추모 문장을 쓰는 어린이를 상상했다.

 4월이면 추모 문구를 쓴 포스트잇을 붙이는 수업을 하는 반도 많다. 명복을 비는 어린이들의 모습은 나를 어지럽게 했다. 책임이 있는 당사자들은 명복을 빌고 있지 않기 때문이다. 세월호 참사를 교실에서 말하는 일이나 추모하는 어린이를 보는 일은 마음이 편하지 않았다. 구호나 문장을 외치기에 앞서, 안전하지 않아 사라지는 생명들을 더 이상 사라지지 않게 하려면 무엇을 어떻게 해야 하는지를 더 이야기하고 싶었다. 세월호 참사 이후로 내게는 누구도 안전하지 않다는 감각이 있다. 나도 어린이들도 언제든 추모받고 애도받는 사람이 될 수 있다.

 '책임'과 '애도'는 내가 세월호 참사 이후 곱씹는 화두이다. 나는 어린이들에게 책임과 애도를 가르쳤다. 책임지는 삶과 애도하는 삶이 세상을 더 안전한 곳으로 바꿀 거라는 희망이 있기 때문이다. 어린이들이 책임을 몸소 다하고 애도가 필요한 죽음에는 애도하는 시민 의식을 갖길 바랐다. 기억한다고 말하기보다 우리가 사는 세상이 얼마나 참혹한지를 알고, 어떤 변화가 필요한지 고민하길 바랐다. "가만히 있으라"는 사회를 바꾸려면 어떤 고민이 필요한지 생각하길 바랐다.

어린이들이 미래의 주인공

어린이는 꿈나무나 미래의 주인공으로 불린다. 집에 중요한 구조인 마룻대와 들보라는 뜻에서 미래의 '동량棟梁'으로도 불렀다. 어떻게 부르든 사회는 어린이가 미래에 중요한 존재라고 말했다. 한편에서는 출생률이 역대 최저라며 위기론이 등장했다. 학교에 있으면 출생률 변화를 숫자가 아닌 몸으로 알 수 있다. 학급 수가 주니 교사 수도 줄어서 교사 한 명이 맡는 업무가 늘었다. 선생님들은 내년에 한 학급이 주는지, 두 학급이 주는지 꼼꼼하게 계산했다. 신입생 예비 소집을 할 때 찾아오는 어린이의 수가 중요하기에 '지방소멸' 도시에서는 선생님들이 전단지를 돌리기도 한다. 주인공 없는 연극이 열릴 판이다. 학교는, 사회는, 대한민국은 어떤 미래를 보게 될까?

학교에 입학하는 어린이의 수도 줄고 있지만, 학교 자체도 미래에 적극적으로 대비하고 있지 않다고 생각한다. 대한민국의 공교육은 '미래 역량'을 기르기 어려울 정도로 관료적이기 때문이다. 교장 선생님이 원하면 실행하는 현재의 구조는 교장 역량이 곧 교육 역량이다. 피상적으로는 멋지다고 생각할 만한 일이 있다. 교내 오케스트라단이 등굣길 아침에 오케스트라 공연을 한다고 상상해보자. 오케스트라단은 독일 작곡가의 음악을 연주하고, 등교하는 어린이들은 음악을 듣는다. 아름다운 선율이 울려퍼지는 행사라 보기에는 좋다. 하지만 오케스트라단 어린이들은 아주 일찍 등교해야 하며 담당 선생님은 음향과 단원의 출석을 신경 써야 한다. 단 몇 분의 공연을 하려면 많은 사람이 애써야 하지만, 이 공연은 단지 교장 한 사람이 원해서 추진된 것이다. 교장 선생님이 원하는 일이 벌어지는 곳이 학교였다. 이렇게 관료적이고 위계적인 조직에 어떤 미래 역량이 있을까? 어린이가 미래라고 말은 한다. 교육 관료와 학교 관리자들이 '학생 중심'이라는 말을 쓰지만, 실상 학교 조직에는 어린이가 끼어들 틈이 적었다.

나는 어린이를 미래의 주인공이 아니라 오늘의 주인공으로 대우하길 원한다. 어린이들의 말만 들어줘야 한다는 뜻은 아니다. 학교가 민주적이어야 한다는 말이다.

"선생님, 왜 요즘 점심시간에 방송이 안 나와요?"

학교 방송이 종료되었을 때 어린이들은 방송부 담당 교사인 내게 물었다. 방송부 어린이들과 협의해서 점심 음악방송을 시작했었다. 신청곡을 받으려 신청지와 신청함도 만들었다. 방송부 어린이들은 방송을 재밌어하고 좋아해 더 자주 하려 했지만 교장 선생님은 방송을 불편하게 생각했다. 방송 횟수를 교장 선생님과 협의해서 정해야 했다.

"오 선생님, 어떤 노래를 트는지 미리 목록을 받고 가사를 확인하세요. 혹시라도 문제되는 가사가 있을 수 있으니까요."

나는 분부대로 했다. 1학기에는 일주일에 두 번 방송을 했다. 방송부 어린이들이 선곡한 노래는 대부분 대중가요였다. 어린이들이 좋아하는 아이돌 그룹 노래나 발라드, 팝송을 틀었다. 그러자 교장 선생님이 나를 불렀다.

"너무 노래가 한정되는 것 같아요. 클래식, 동요 같은 것도 좀 넣고 그래 봐요."

지시대로 했다. 어떤 날은 국악, 어떤 날은 동요, 어떤 날은 가요. 어떤 날은 클래식을 선곡해 방송했다. 동요도 인기 동요 베스트 곡을 틀었다. 그래도 교장 선생님은 마뜩찮게 생각했다. 그러다 내가 몸이 안 좋아서 한 달 가량 병가를 냈다. 그때 교장 선생님은 방송부원들을 불러 '대화' 시간을 가졌다. 그 뒤로 점심 음악 방송은 사라졌다. 애초에 교장 선생님은 가요를 포함해 음악을 트는 일을 좋아하지 않았다는 말을 전해 들었다. 담당 교사가 검토하고, 선곡도 미리 하고, 방송부원들이 신이 나서 참여했어도 방송은 사라졌다. 자신이 신청한 노래가 나올까 기대하며 방송을 듣던 어린이들은 방송 종영의 이유를 몰랐다.

교장 선생님은 늘 어린이 중심의 학교가 되어야 한다고 역설했다. 역설적이었다. 방송부에서 어린이들은 주인공이 아니었다. 협상이 아닌 통보의 방식은 학교에서 흔했다.

학교에는 금지가 만연했지만 어린이들이 참고 있지만은 않았다. 어린이들은 틈을 찾아내고 또 찾아냈다. 학교에서 야구를 금지하니 종이를 구겨 공으로 만들어 던지고 놀았다. 어린이들에게 복도에 모여 있지 말라고 권유하면 화장실에서 다시 모여 이야기를 나눴다. 휴대폰을 사용하지 못하게 했더니 점심시간에 운동장에서 휴대폰을 사용했고, 학년별로 운동장을 쓰는 날을 지정했더니 점심시간에 교내 통로에서 피구를 했다. '빼빼로 데이'에 막대 과자 교환을 자제하기를 요청했더니 선생님들보다 일찍 와서 과자를 나누거나 화장실에서 과자를 교환했다.

선생님들도 틈을 찾았다. 어린이들과 피구를 하고 싶은데 수학 시간만 많이 남아있어서 '수학 피구'를 개발한 선생님이 있다. 공을 던지면서 수학 개념을 하나씩 말하는 방식이다. 나도 응용해서 '사회 피구'를 했다.

"흥선대원군! 척화비 건립! 을사조약!"

어린이들은 역사 고수였다. 사회 피구가 끝나면 사회 수업 잘했냐고 물었다. 그러면 어린이들은 "와, 오늘 사회 수업 재밌었다!"고 화답했다.

대안을 찾을 때마다 어린이들은 주인공이었다. 나는 짐짓 표정 관리를 했지만, 새로운 전략을 찾아 나서는 어린이들의 모험을 응원했다. 뿌듯한 일도 흥미로운 일도 미간이 찌푸려지는 일도 있었다. 생동하는 어린이들은 막는다고 막게 두지만은 않았다. 틈을 열려고 분주했다. "우리는 답을 찾을 것이다. 늘 그랬듯이." 영화 〈인터스텔라〉의 명대사가 떠오르는 순간들이었다. 진정한 '미래 역량'은 오늘을 열심히 사는 데서 나오는 게 아닐까? 그렇게 본다면 어린이들은 지극히 미래적이었다.

과거는 갔고 미래는 몰라

내가 만난 어린이들 중 귀엽다고 느끼거나 멋지다고 느낀 어린이들은 나이가 들며 변했다. 성장하면서 표정도 어른에 가까워졌다. 초등학생 중 가장 고령(?)인 6학년은 1학년 때와 다르고, 3학년 때와 달랐다. 6학년을 흔히들 '말년 병장'에 비유한다. 귀찮아하고 짜증내고 말이 없다. 3~4학년 때는 체육 수업을 반겼지만 6학년이 되어 체육이 귀찮다고 하는 어린이도 있다. "사춘기가 6학년에 왔다"는 보호자와 동료 선생님의 말도 자주 들었다. 6학년이 되니 자녀가 변했다는 보호자의 말을 들으며, 처음에는 자아를 찾고 있는 거라고 막연히 생각했다.

"1학년 구역, 2학년 구역, 3학년 구역 있어요."

중학생이 된 제자가 담배 피우는 구역이 나누어져 있다고 알려주었다. '학군이 안 좋다'는, 다시 말해 빈곤한 계층이 더 많다는 지역에서 근무할 때 만난 어린이다. 나는 학군을 따지며 경제력으로 학교나 어린이를 판단하는 일이 싫지만, 학군이 다르면 문화가 달랐다. 중학생이 된 졸업생들은 담배를 피웠다. 담배 피우는 중학생들이 얼마나 되는지 물었더니 3분의 1은 넘는다고 답했다. 버스를 타고 지나가면서 학생들의 흡연 장면을 종종 목격했다. 청소년들은 빌라 담벼락 밑에서, 인근 폐가에서 삼삼오오 흡연을 했다. 6학년들은 언니 오빠 누나 형 또는 아는 선배가 담배나 전자담배를 피운다고, 오토바이를 탄다고 알려줬다. 그중에는 내가 가르친 어린이의 이름도 있었다.

어린이가 청소년이 되면서 달라지는 건 당연했지만 그럼 내가 알았던 사람은 누구인지 반문했다. 과거의 모습을 기억하는 나는 그 사람을 제대로 알고 있는 걸까? 담배를 피우거나 오토바이를 타는 일이 그렇게 심각한 일이 아닐 수도 있고, 흘러가는 짧은 일탈일 수도 있지만 중학생이 된 제자의 담배 냄새는 내가 아는 그 어린이가 사라졌음을 알려주었다. 그렇기에 나는 어린이들을 가르치며 방심하지 않았다. 귀엽거나 다정하고 무해한 어린이의 모습은 순간이거나 잠시이기 때문이다. 자아를 찾을 거라는 어른의 바람과 무관하게 어린이들은 청소년이 되며 다른 사람으로 진화했다.

현재의 순간은 강렬했다. 나만 기억한다는 사실을 알았지만 그래도 기억했다. 입학식을 하면 보호자들은 사진을 찍었다. 주말에 산책을 하며 어린 자녀를 휴대폰에 담는 모습도 많이 봤다. 동네 산책로 주변에는 여름이면 바닥 분수대에서 물기둥이 솟구치는데, 물기둥에 온 몸을 적시는 자녀의 모습을 찍는 엄마들이 있었다. 나는 언제부터 부모가 자녀의 사진을 그만 찍는지를 생각해 보았다. 사진 찍길 거부하고, 포옹을 거부하고, 수염 자국 난 얼굴을 들이미는 아빠를 거부하는 시기가 오면 보호자들은 자녀가 달라졌다고 생각하는 듯했다. 자아가 더 강해지면 내밀한 이야기도 안 하게 되는 순간이 올

것이다. 집에서 학교 이야기를 통 안 해서 고민이라는 이야기는 보호자 상담 때 매번 듣는다.

어린이들은 예보도 예고도 없이 달라졌다. '달라지는 어린이'라는 말은 어쩌면 동어 반복이었다. 달라짐과 성장은 얼마나 다를까? 성장하는 과정에는 기분 나쁜 달라짐과 차마 인정할 수 없는 변화도 있지 싶다. 어린이들은 친구를 약올릴 때 "네가 뭘 할 수 있는데?"라는 말을 가끔 했다. 성장하는 사람을 바라보는 타인이 할 수 있는 일은 받아들이는 것뿐이었다. 어린이들은 학년을 마치거나 졸업하며 내게 자신을 잊지 말라고 했다. 잊지 말라는 말과 달리 어린이들은 시간이 지나면 나를 잊었다. 잊히는 일에도 내가 할 수 있는 일은 없었다.

내가 만난 어린이를 떠올리는 일은 현재 만나는 어린이에 충실하려는 작업이었다. 오늘 만나는 어린이도 미래의 어린이와 관계 맺을 때 떠올릴 것이다. 내 머리 안에는 본인들은 잊었을 어린이들 이야기가 가득했다. 때로는 내가 괴벽 가득한 수집광처럼 느껴졌다.

그래도 어린이는 늘 어려웠다. 지역에 따라, 학교에

따라, 학년에 따라 어린이들은 달랐다. 나이가 들수록 어린이들의 감수성을 이해하기 어려웠고 어린이와 내가 공유하는 언어는 줄어갔다. 그래서 말 걸고 말 들으며 접한 이야기로 이해를 갱신했다. 게으를 수 없었다. 게으르면 단순해지고 단순하면 무지라는 폭력에 둔감해지기 때문이다.

    뭐라고 널 불러볼까

    어떤 단어로 정의할까

    너를 설명할 언어를 알려줄래?

이달의 소녀의 노래 〈목소리〉에서 내가 가장 좋아하는 부분이다. 나는 어린이가 내게 들려주고 보여준 것들이 자기 자신을 설명하는 언어라고 느꼈다. 설명을 듣는 일이 내가 할 수 있는 유일한 일이었다. 과거는 지나갔고 미래는 아직 모르기 때문에 오늘 말하고 듣는 일이 중요했다. 모든 길은 로마로 통하듯, 모든 초등학생은 교사를 통과한다. 이 통과는 컨베이어 벨트를 타고 자동으로 지나가는 일보다는 함께 추는 춤에 가까웠다. 지금 이 순간에 몸으로 함께 하는 일이면서, 너무 가까워도 안 되고 너무 멀어도 안 되는 일이었다.

음악이 멈추면 춤도 끝나듯 정해진 기간이 지나면 나와 어린이들은 다시 멀어졌다. 나는 많은 어린이들에게 과거의 사람이 되었다. 어린이들의 마음 한 켠에 남은 유물 같은 존재가 되었다. 오래 기억되고 싶은 마음이나 좋은 사람으로 남으려는 마음은 없었다. 나는 나의 미래 이미지를 상상할 정도로 멀리 보는 사람이 아니다. 다만 나에게 중요한 건 오늘 하루를 수습하며 살아가는 일이다. 내 몸 가까이에 있는 사람들을 본다는 의미에서 나는 근시안적이다.

가까운 거리에 있는 어린이들을 보니 처음에는 몰라본 결들이 보였다. 때론 흥미로웠고 때론 놀라웠다. 내가 본 어린이들은 어른들의 가슴을 벅차오르게 하는 '따뜻한' 어린이나 동심을 일깨워주는 어린이가 아니었다. 철이 없다며 '잼민이'라 불릴 만한 어린이도, 성가셔서 '금쪽이'라 불릴 만한 어린이도 아니었다. 어른만큼 욕망과 상황에 충실한 사람들이었다.

   시민이자 사회 구성원인 어린이를 더 알고 싶어서 어린이들이 들려준 언어를 유심히 지켜보았다. 어린이들은 온몸으로 자신을 쉽게 단정하지 말라고 말하고 있어서 듣는 일은 어렵지 않았다. 나를 포함한 어른들에게 필요한 덕목은 어린이를 인정하는 용기다. 규정하거나 설명하려 하지 않고 다채로운 어린이를 받아들이는 용기. 오늘을 사는 어린이를 직시하면 되는 일이다.

에필로그 — **어둠의 어린이들을 변호하며**

담임 교사 업무는 자유도가 높다. 교실에서 내가 하는 말과 행동을 통제하는 사람이 없기 때문이다. 나는 내가 옳다고 생각하는 바를 말하고 가르쳤다. 큰 자유가 있지만 큰 책임도 따랐다. 어린이들은 교과서를 보며 공부했지만 나를 배우기도 해서, 내가 어떤 선생님이 되어야 하는지 고민했고 말과 행동에 신경 썼다. 신경 썼어도 실패한 순간들은 있었다. 성공하고 때론 실패하며 어린이와 맺은 관계가 내가 쓴 어린이 이야기에 있다.

내가 어린이 이야기라며 꺼낸 생각과 주장은 내가 만

난 어린이들 이야기에 기반한다. 대한민국에서 초등학교에 다니는 어떤 어린이들을 보며 얻은 이야기들이다. 누구를 대표하지도 상징하지도 않는 어린이들의 모습이다. 동료 교사들은 어린이들에게 "커서 뭐가 되려고" 같은 말들을 했다. 문제 행동을 하는 어린이에게 지금처럼 행동하면 중학교에 올라가서 적응을 못한다거나 사회에서 제 몫을 못 한다고 했다. 나는 속으로 웃었다. 그렇게 큰 사람이 바로 나이기 때문이다. 나는 어쨌든 제 몫을 하고 산다. 예언자들은 현재 모습으로 미래를 판단하는 우를 범했다. 나는 사람은 어떻게든 변한다고 생각했다. 내가 보고 판단한 어린이들이 어떻게 변할지, 나는 모른다.

나는 그저 오늘의 어린이를 썼다. 어린이의 오늘이 너무도 쉽게 잊히기 때문이다. 어른들은 어린이에게 내일을 살라고 했다. 좋은 대학교에 가려면 지금부터 공부를 해야 한다. 어휘력과 문해력을 기르려면 책을 읽어야 한다. 지금부터 주식 투자를 가르쳐야 '금융 문맹'에서 벗어날 수 있다. 영어 1등급은 초등 4학년에 결정된다.

근거가 있는 말이겠지만 먼 미래를 보는 일은 아득했다.

내가 오늘을 사는 어린이들을 오래 지켜본 만큼 어린이들도 나를 오래 지켜보았다. 어린이들은 나를 보고 나를 배웠다. 나도 수업의 일부라서 그랬다. 간파당하기도 하고 오해받기도 했다. 간파와 오해가 가능한 사이라 좋았다. 거리가 가까워서 생기는 마찰도 있었다. 어린이들의 삶은 내 마음과 마찰했고, 내 세계관과 마찰했다. 마찰이 주는 긴장이 있었다. 행복한 일만 생기는 교실을 만들려고 노력한 적은 없었다. 교실에서 맺는 관계는 만드는 게 아니었다. 벌어지는 일에 가까웠다. 어린이들은 내게 어린이의 삶을 들려주었고 나는 그 이야기를 들으며 반성했다.

가르치면서 배우며 성장한다는 말은 참이었다. 어린이들은 자신들이 내게 가르치고 있다는 사실을 몰랐다. 어린이들은 내게 자신들의 삶을 들려주었고 나는 그 이야기를 들으며 곱씹었다. 어린이의 말과 행동에 근거해 어린이에게 다가가기도 했다. 이해할 수 없고 수긍할 수 없는 일도 있었는데, 그때도 배울 점이 있었다. 어른이 필요하지 않은 순간도 있다고 배워 뒤로 물러서기도 했다.

나는 어린이들과 좀 다른 관계를 맺었다고 조금은 자신했다. 그래서 내가 맺은 관계를 보여주며 순수하다고만 하기엔 부족한 어린이들을 드러냈다. 불순물이라는 말이 아니다. 순조롭지 않은 삶의 단면들이 가르쳐주는 것들이 있다는 말이다.

어른들이 저출생 시대라며 미래를 걱정할 때마다 나는 현재의 어린이를 떠올렸다. 이미 사회 구성원인 어린이를 어떻게 인식하는지가 중요하다고 생각했다. 어린이가 친구라며, 혹은 동료 시민이라며 건네는 낙관적인 이야기들은 듣기 버거웠다. 어린이는 안전한 친구나 동료 시민만이 아니라, 적이 되거나 위협이 되어 관계를 불안하게 만들 수 있는 존재이기도 하다. 긍정하는 시선으로는 포착할 수 없는 어린이들이 있다. 나는 이런 어린이들에게 관심이 갔다.

어린이가 아닌 사람이 하는 어린이 이야기라 오류가 있을 것이다. 편협하다고 생각할 수도 있다. 그렇다면 그런 대로 읽는 사람이 자신의 생각을 점검해보길 바라는 마음이다. 어린이에 대해 더 나은 이야기를 하고 싶었고, 하지 않은 이야기를 하고 싶었다. 체로 거를 수 없는 불순함을 안고 사는 사람들을 위한 변론으로 읽히길 바라고 썼다.

    책을 준비하며 편집자에게 반은 농담으로 이 책이 '어둠의 어린이론'으로 알려졌으면 좋겠다고 말했다. 어둠의 어린이론을 쓰려고 어린이들의 어둠뿐 아니라 나의 어둠과 사회의 어둠을 뒤적였다. 리베카 솔닛은 "미래는 어둡지만, 그 어둠은 무덤의 어둠인 동시에 자궁의 어둠"이라고 썼다. 내가 뒤적인 어둠은 희망을 지하에 가두는 어둠이 아니라 곧 새로운 관계를 탄생시킬 어둠이기를 바란다. 내가 쓴 한 줄기 어둠이 어린이를 잘 대하려는 사람들에게 효용이 있길 바란다. 어린 시절의 나처럼, 그런 어른을 기다리는 어린이들이 있기 때문이다.

어린이와 부대끼며 살아가는
어른들에게 드리는 짧은 당부

하나, 사실을 말해주세요.

어려운 일이 생겼을 때 어린이에게 진솔하게 말하기 어렵다는 점은 이해합니다. 가족의 죽음, 이혼, 경제적 어려움 등 어른도 감당하기 어려운 일들을 어린이에게 말하려면 입이 안 떨어질 것입니다. 하지만 내용을 순화하고 요약하더라도 사실을 말해주세요. 사망한 가족이 '미국으로 출장을 갔다'거나 가정에서 발생한 큰일을 '크면 알게 된다'고 일축하기보다는 솔직하게 말해야 합니다. 어린이는 진실을 알 권리가 있습니다. 사실을 말해야

'우리'가 앞으로 어떻게 살아야 하는지를 함께 이야기할 수 있습니다. 삶의 어려움을 함께 고민하는 일에서 어린이가 어려움에 대한 항체를 얻는다고 생각합니다.

둘, 실패할 기회를 주세요.

어린이를 양육하거나 어린이와 생활하면 어린이가 정답을 피해 가는 모습을 볼 수 있습니다. 결과가 뻔해 보이는 서투름에 개입하고 싶을 겁니다. 하지만 어린이가 개입을 원치 않는다면 일단 지켜보시기를 바랍니다. 생명에 위해를 가하는 행위나 범죄가 아니라면 실패의 경험은 삶의 자원이 됩니다. 서툰 도전이 생각하지 않은 결과를 만들어내기도 합니다. 발명가 에디슨이 어린 시절 달걀을 품은 일은 우스운 일화지만, 이 일은 자신의 가설을 검증하며 실험이 왜 실패했는지 되돌아보게 하는 경험이었습니다. 성공의 경험만큼 실패의 경험도 필요하다고 생각합니다.

셋, 듣는 어른이 되어보세요.

좋은 어른이 되어야 한다는 이야기를 많이 듣습니다. 어린이에 대한 편견과 차별을 지적하며 '좋은 어른'이 갖춰야 할 태도를 말하는 사람들도 있습니다. 옳은 이야기고 경청해야 할 이야기입니다. 한편 어린이는 좋은 어른의 옳은 이야기에 담긴 암시와 메시지를 읽고 그에 맞춰 행동하기도 합니다. 그렇기에 보호자가 아는 자녀의 모습과 선생님이 아는 어린이의 모습, 또래가 아는 친구의 모습은 모두 다릅니다. 어린이는 언제나 옳은 이야기의 한계를 알고 그 안과 밖을 넘나듭니다. 옳은 이야기에 맞지 않는 어린이를 옳은 쪽으로 당기려고 하기보다는, 그들의 생각을 들어봐주세요. 생각하는 대로 어린이를 보지 않기를 바랍니다. 반대로, 보고 듣는 대로 어린이를 생각하는 인류학자가 되어보세요. 어린이의 다채로운 마음들이 더 잘 보일 것입니다.

넷, 다름을 이야기해주세요.

틀린 게 아니라 다르다는 상투적인 표현을 넘어, 어린이들에게 사람들이 각자 다르다는 점을 이야기해주세요. 이 말은 성격이 다르거나 얼굴이 다르다는 수준을 넘어서는 이야기입니다. 사람마다 처한 가족 환경이 다르고, 거주 환경이 다릅니다. 한 사람을 만들어 낸 환경은 너무나 크고 넓어서 자신의 경험과 크게 다를 수 있습니다. 그래서 대화가 안 되는 또래도, 이해할 수 없는 또래도 어린이 주변에 있습니다. 다름을 온전히 이해하기는 어렵기에, 다름을 받아들이는 일을 일상에서 연습해야 합니다.

'다른' 몸들도 중요한 주제입니다. 장애가 있는 몸이나 조금 '다른' 몸을 가진 사람을 '비장애' 어린이가 이해하기 어려울 수 있습니다. 이해가 어려워도 환대해야 하는 몸들이 있다고 말할 필요가 있습니다. 저는 어린이들의 말에서 장애를 비하하는 표현이나 조금 '다른' 몸과 마음을 가진 사람을 비하하는 표현을 듣고는 합니다.

저는 이 표현들이 단순한 놀림이나 저급한 장난이 아니라 특정한 사람들을 사회의 구성원으로 인정하지 않는 폭력 행위라고 생각한다고 어린이들에게 말합니다. 무조건 다른 사람에게 공감해야 한다는 말은 아닙니다. 사람은 너무도 다를 수 있으니 다른 점을 가볍게 생각하지 않도록 이야기할 필요가 있다는 뜻입니다.

다섯, 작별을 준비하세요.

어린이는 어른을 발판 삼아 올라가야 합니다. 조명이 서서히 꺼지는 '페이드 아웃'이 어른에게 필요합니다. 어른은 어린이 옆에 조연으로서 사라질 운명입니다. 어린이와 맺는 관계에서 어른이 고민할 점은 어린이에게 어떤 자원이 되어줘야 할지입니다. 《나의 라임 오렌지나무》의 뽀르뚜가 아저씨는 제제에게 환대를 알려주었고, 영화 〈벌새〉의 영지 선생님은 어떤 어른도 말해주지 않는 삶의 복잡성을 주제로 청소년 은희와 선문답하듯 문고 답합니다. 하지만 두 어른은 주인공보다 먼저 사라집니다. 어린이 앞에 선 어른들의 미래를 은유하듯 갑작스레 사라집니다. 어린이는 어른보다 더 많은 시간을 살 존재들입니다. 누구도 대신 살아줄 수 없는 시간을, 어른 없는 시간을 살아갈 어린이들에게는 어른이 남겨주는 자원이 나침반이 됩니다. 어쩌면 고장난 나침반이라 곧 버릴 수도 있겠지요. 그렇지만 어른으로서, 남겨질 어린이들에게 값진 무엇을 선사할 수 있을지 깊이 고민했으면 좋겠습니다.